Sebastian Pioch

trojanized

Ein verblüffend wirksamer Weg, um den passenden Job zu finden.

© 2015 Sebastian Pioch

Verlag: tredition GmbH, Hamburg

ISBN
Hardcover   978-3-7323-3231-1
Paperback   978-3-7323-3230-4
e-Book   978-3-7323-3232-8

Printed in Germany

Das Werk, einschließlich seiner Teile, ist urheberrechtlich geschützt. Jede Verwertung ist ohne Zustimmung des Verlages und des Autors unzulässig. Dies gilt insbesondere für die elektronische oder sonstige Vervielfältigung, Übersetzung, Verbreitung und öffentliche Zugänglichmachung.

Inhaltsverzeichnis

1. Warum dieses Buch? 7
2. Orientierungsdepressionen 11
3. Wie finde ich das Unternehmen „X"?.......19
4. Der fiktive Arbeitstag 27
5. Vernetzen! Wie geht Job Shadowing? 40
6. (M)Ein Thema finden...................................60
7. Wie treffe ich Entscheidungen? 74
8. Bewerbungsschreiben 2.0............................90
9. Personal Branding.......................................103
10. Auf geht's! 112

1. Warum dieses Buch?

Weil es längst überfällig ist. Die Wege, wie Arbeitgeber und Arbeitnehmer zukünftig erfolgreich zueinander finden, werden sich in den kommenden Jahren grundlegend ändern, aber der Reihe nach. Dieses Buch richtet sich insbesondere an Studierende ab dem 3. Semester, an Berufseinsteiger, deren Eltern und an Personalverantwortliche. Ziel soll es sein, einen etwas anderen Weg aufzuzeigen, als sich auf zumeist nichtssagende Stellenanzeigen mit noch weniger sagenden Anschreiben zu bewerben.

Es soll zudem bei der Orientierung hinsichtlich der Frage behilflich sein, bei welchem Unternehmen sich ein junger Mensch bewirbt. Dies, so glaube ich, ist nämlich weitaus wichtiger als die Frage, nach dem Gehalt, den Aufstiegschancen und etwa einem vermaledeiten Firmenwagen. Woher ich das weiß? Nun, als Karrierecoach an einer Hamburger Hochschule habe ich fast täglich mit Studierenden und jungen Absolventen zu tun, die an *Orientierungsdepressionen* leiden. Sie bitten mich, ihnen Feedback zu Bewerbungsschreiben zu geben, die selten einer einfachen Nachfrage „Warum bewerben Sie sich bei diesem Unternehmen?" standhalten. Meist kommen dann Aussagen wie: „Na das macht sich doch gut, wenn ich die in meinem Lebenslauf habe. Oder?". Wenn ich den jungen Leuten dann erkläre, dass noch nie ein Lebenslauf meine Miete gezahlt hat und es zudem doch fraglich ist, dass selbst jener Umstand kaum dazu führen würde, dass sie glücklich werden, macht sie das oft nachdenklich. Sehr oft. Sie fühlen sich oftmals allein, diese jungen Leute. Sie spüren den Druck ihrer Eltern, eine hohe gesellschaftliche Erwartungshaltung und sie haben bestenfalls ihre nächste Klausur im Blick. Hakt man nach, worum es ihnen denn ginge, blicken sie nicht selten lange ins Leere. Für diese Leute schreibe ich dieses Buch. Ich möchte, dass sie einen Ansatz bekommen, warum sie überhaupt ihr Studium oder ihre Ausbildung absolvieren und wie es ihnen gelingen kann, sich erfolgreich im Arbeitsmarkt zu positionieren. Dabei ist es mein Anspruch, dass Erfolg als Zufriedenheit mit dem ausgeübten Job verstanden wird, nicht etwa als die bestbezahlte Stelle.

Dieses Buch richtet sich jedoch auch an die Eltern jener jungen Menschen. Es soll ihnen Möglichkeiten aufzeigen, ihre Kinder dabei zu unterstützen, einen Berufseinstieg zu finden, der dafür sorgt, dass sie sich eher auf den Montagmorgen denn auf den Freitagnachmittag freuen. Um es vorwegzunehmen, streichen Sie bitte ersatzlos die Frage: „Wie viele Credit Points fehlen dir noch?" aus Ihrem Repertoire! Wen interessiert dieser Unsinn?

Schließlich richtet sich mein Ansatz auch an die Personalverantwortlichen. An Jene, die diese merkwürdigen Stellenanzeigen verfassen und sich wundern, warum sie so wenige passende Bewerbungen bekommen. Nein, nein, gute Bewerbungen bekommen Sie, nur eben wenige, die passen! In diesem Buch finden Sie die Antwort darauf, was Sie tun können, um wirklich schlaue Dinge in Sachen Employer Branding zu unternehmen. Was bringt es Ihnen, wenn Ihnen zigtausend Lemminge auf Instagram, Pinterest und Co. folgen? Was Sie wollen sind Bewerber, oder? In Zeiten, in denen die Gebrüder *Digitalisierung* und *Globalisierung* das Denken und Handeln der Generation Y bestimmen werden jene Unternehmen den „war for talents" gewinnen, die spitz statt breit denken und den jungen Leuten die Möglichkeit geben, niederschwellig ihr Unternehmen kennen zu lernen.

Die jungen Talente hingegen sollten sich indes fragen, was sie tun können, um einen größtmöglichen Nutzen bei dem Unternehmen in Aussicht zu stellen, bei dem sie sich bewerben. Sie sollten sich vernetzen, herausbekommen, was ihnen wirklich Freude bereitet und dafür sorgen, dass ihr Wunschunternehmen davon weiß. Jenen Prozess nenne ich „trojanized", darum geht es in diesem Buch. Der Unterschied ist jedoch, dass es, anders als damals in Troja, jedoch nicht darum geht, etwa den Unternehmen ein Geschenk zu überreichen, das sich später als Bedrohung entpuppt, im Gegenteil.

2. Orientierungsdepressionen

Als ich dieses komische Wort von den Orientierungsdepressionen zum ersten Mal verwendet habe, war mir nicht klar, dass das in einem kleinen Buch enden würde. Es ist das Ergebnis vieler, vieler Gespräche mit meinen Studierenden und Alumni. Deren Dilemma lässt sich vielleicht mit folgendem Bild erklären: Sophie, 21 Jahre, hat gerade ihre Bachelorarbeit im Prüfungsamt abgegeben und will sich nun mit einem Glas Sekt an der Alster belohnen. Wie fast alle in ihrem Alter hält sie es natürlich nicht aus, währenddessen ihr Smartphone zu ignorieren. So liest sie etwa einen Post ihrer Freundin Sarah, die im Gesichtsbuch davon schwärmt, wie sehr sie sich auf den gemeinsamen Ausflug mit den Kollegen freut. Sarah absolviert seit einigen Wochen ein dreimonatiges Praktikum in San Francisco. *„Toll!"* denkt sich nun Sophie. *„Die macht schon ihr zweites Praktikum im Ausland! Und ich?"*

Nach zwei kräftigen Schlucken Sekt sieht sie erneut auf's Smartphone und entdeckt, dass ihr Kommilitone Tim Sarahs Post wie folgt kommentiert hat: *„Moin Sarah, viel Spaß down there! Komme gerade von einem ähnlichen Sit-in zurück!!"*. Tim absolviert gerade ebenfalls ein mehrmonatiges Praktikum, allerdings in Shanghai.

Sophies Gesichtsfarbe wechselt inzwischen von rosé auf graugrün. ‚Leicht' genervt kommentiert sie Sarahs Post indem sie schreibt: *„Viel Spaß Süße! Habe heute die Zusage für mein Masterstudium bekommen!! ☺'*.

Schlagartig werden in San Francisco und in Shanghai zwei weitere Gesichter graugrün. Unisono denken Sarah und Tim*: „Toll, die macht schon ihren Master und ich gondel' in der Weltgeschichte rum!"*.

Zugegeben, etwas überspitzt formuliert ist das schon. Dennoch spielen sich täglich viele ähnliche Szenen ab. Das größte Problem der Gen-Yler ist, dass es ihnen unendlich schwer fällt, „bei sich zu bleiben". Ständig vergleichen sie die eigene Situation mit der Anderer. Selten sind sie zufrieden und froh mit dem Status Quo.

Kein Wunder, die bereits erwähnten Gebrüder *Globalisierung* und *Digitalisierung* machen es möglich. Die jungen Leute haben nicht nur alle Möglichkeiten, sie bekommen auch noch mit, wie alle anderen sie nutzen – nur sie nicht!

***

Hier ein weiteres Beispiel: Eine Studentin, nennen wir sie Marie, kam mit einer Bewerbung zu mir, in der sie sich bei einem Hamburger Logistik Unternehmen für ein Praktikum bewerben wollte. Eines, das lediglich eine Niederlassung in Hamburg hat. Ich fragte sie, warum sie ausgerechnet dort ein Praktikum machen wolle. Nach einigem Zögern, das man auch gut als ein gedachtes *„Was soll denn DIE Frage?"* hätte verstehen können, sagte sie, dass ihre Mutter in dem Unternehmen arbeiten würde.

Gut eine halbe Stunde später erfuhr ich, dass es seit Langem ihr sehnlichster Wunsch sei, einmal für mehrere Jahre in Istanbul zu leben. *„Na, da ist ein Praktikum bei der HHLA ja genau das richtige für Sie!"*, sagte ich dann.

Wir haben dann beschlossen, dass sie noch einmal grundlegend darüber nachdenkt, was ihr tatsächlich wichtig ist. Dann ging's los! Fast wöchentlich änderte sich ihr Berufswunsch. Nahezu jedes Mal, wenn ich ihr auf der Treppe begegnet bin, hatte sie eine neue Idee – und war sich jedes Mal 100 %ig sicher, dass das genau ihr Ding sei. Die Palette reichte von Fitnessstudio-Managerin über Medienrechtlerin bis zu Öffentlichkeitsarbeit in einem Sportverein. Irgendwann bin ich dann Fahrstuhl gefahren …

Leider ist dieses, wenn auch leicht extreme, Beispiel kein Einzelfall. Sehr häufig kommt es vor, dass die jungen Leute unsicher hinsichtlich der Frage sind, was genau sie in welchem Unternehmen machen wollen. Ist ja auch kein Wunder! Die wenigsten Vorlesungsinhalte drehen sich darum, *warum* das ganze Studium überhaupt stattfindet, sondern meistens darum, *wie* irgend-etwas gemacht wird.

Durch meine Zeit beim Militär weiß ich, dass eine erfolgreiche Orientierung im Gelände nur dann gelingt, wenn drei Dinge zusammen kommen:

1. Ich habe ein Ziel und kenne die Marschkompasszahl.
2. Ich verfüge über die richtigen Hilfsmittel (Kompass) und Fähigkeiten (kann z.B. eine Karte einnorden).
3. Ich lasse mich nicht durch Hindernisse ablenken.

In den kommenden Kapiteln wird es darum gehen, hier eine Brücke zu schlagen. Ich stelle Methoden vor, ein Ziel zu entwickeln und nenne mehrere Hilfsmittel, um sich nicht ablenken zu lassen.

Zwei aus meiner Sicht grundlegende Fehler sind jedoch zum einen, dass viele junge Leute mit Unmengen an Halbwissen durch die Gegend laufen und zum anderen, dass sie, obwohl sie sonst extrem global denken, in Sachen berufliche Arbeitsumgebung bisweilen recht borniert unterwegs sind. Je ein Beispiel:

Sehr oft höre ich Sätze wie: *„Das macht sich doch gut im Lebenslauf."* oder: *„Dazu brauche ich einen Masterabschluss.".* Alles Annahmen vom berühmten Hörensagen. Auch das gern genommene *„Ohne Vitamin B wird das eh nichts!"* höre ich oft. Wie kommen die jungen Leute auf diesen Unsinn? Schnappen sie das von ihren Eltern auf? Steht das in Zeitungen? Ich habe keine Ahnung.

De facto bestätigen mir viele, ja fast alle Personalverantwortlichen, mit denen ich spreche, dass ihnen Dinge wie Praxiserfahrung, Begeisterung für ein Thema und der Umstand, dass jemand menschlich in das Unternehmen passt, wesentlich wichtiger ist, als ein perfekter Lebenslauf, von dem ohnehin niemand weiß, wie das Ding aussieht.

Also, mein Rat lautet hier:

- Schluss mit vagen Vermutungen, belastbare Aussagen müssen her!

Das zweite Beispiel kommt aus dem Bereich „Wie sehen heute eigentlich Berufswelten aus?". In einem Song der Toten Hosen heißt es: *„35 Jahre lang, Haken für den Duschvorhang.".* Ganz ehrlich, in welchem Berufsfeld gibt es das noch? Mir ist keine einzige Profession der Studiengänge, deren Studierende ich berate, bekannt, in denen das so stattfindet. Vielmehr ist die einzige Konstante im Berufsleben heutzutage die, dass der Wandel allgegenwärtig ist.

Selbst in konservativen Berufsbildern wie denen des Steuerberaters dürfte es inzwischen keine Seltenheit mehr sein, dass man in seinem Berufsleben mindestens einmal auch mit dem Thema Selbstständigkeit konfrontiert wird. Tatsächlich denken über diese Möglichkeit jedoch die allerwenigsten nach.

Ganz nüchtern betrachtet ist doch aber der Unterschied zwischen einem Angestellten-verhältnis und einer selbstständigen Tätigkeit nur der, dass die Einkommensteuer unterschiedlich gezahlt wird. Viele sprechen in dem Zusammenhang von fehlender Planungssicherheit als Selbstständiger. Aber welches Angestelltenverhältnis gilt bitte heute als wirklich *sicher*?

Im folgenden Kapitel beschreibe ich einen Prozess, an dessen Ende man ein Unternehmen finden kann, das geeignet ist, jemandem seinen Wunscharbeitstag zu ermöglichen. Als ich im Anschluss an mein Studium selbst jenen Prozess durchlaufen habe musste ich feststellen, dass es so ein Unternehmen noch nicht gibt. Also habe ich es gegründet und konnte so viele spannende Erfahrungen mit dem Filmrecherchedienst (www.frd.info) sammeln.

Momentan arbeite ich auch in einem Angestelltenverhältnis, bin mir aber sicher, irgendwann wieder als selbstständiger Unternehmer meinen Lebensunterhalt zu verdienen.

Auch hieraus ergibt sich eine dringende Empfehlung an die Hochschulen und Ausbildungsstätten dieses Landes: Hört auf, die jungen Leute nur mit fachlichen Inhalten vollzustopfen und bringt ihnen flächendeckend die Grundlagen von Unternehmertum bei! Dann und nur dann werden sie es auch in Betracht ziehen, ein Unternehmen zu gründen, falls sie kein passendes für sich finden sollten.

3. Wie finde ich das Unternehmen „X"?

Praktika, Werkstudentenjobs und Bachelorarbeiten sind Bohr-maschinen, nichts weiter. Wer braucht schon Bohrmaschinen? Richtig, niemand. Kein Mensch kommt auf die Idee und denkt sich: *„Oh, also das dunkle Grün dieser Bohrmaschine passt aber perfekt zu meiner Obstschale!"*.

Menschen kaufen diese Dinger weil sie Löcher wollen und die auch nur, um dort so merkwürdige Plastikwürmer hineinzufriemeln und anschließend eine Schraube in den Wurm zu drehen. Jetzt hat der Mensch einen Fixpunkt an der Wand und kann daran z.B. ein Bild aufhängen. Das übergeordnete Ziel der Bohrmaschinenkaufaktion ist also ein Bild, das an der Wand hängt, das ist den meisten klar.

Weniger klar ist allerdings vielen Studierenden, *warum* sie ein Praktikum machen oder eine Bachelorarbeit schreiben. Daraufhin angesprochen werden dann Aussagen getätigt wie: *„Na um praktische Erfahrungen zu sammeln."* bzw. *„Ähm die muss ich doch schreiben, um meinen Abschluss zu bekommen."*. Alles richtig, Haken dran. Nur, wozu brauche ich einen *Abschluss*?

Gern verwende ich folgendes Bild: Angenommen, liebe Studierende, gegen Ende des Studiums konfrontiert euch euer Traumunternehmen mit dem Angebot, dass ihr dort sofort anfangen könnt. Unbefristet und gut bezahlt. Voraussetzung ist, dass ihr *sofort* anfangen müsst, ohne das Studium zu beenden! Man bietet euch an, das Studium zu einem späteren Zeitpunkt zu beenden, nur jetzt würde man euch eben sofort brauchen. Ein Angebot, über das ihr doch zumindest einmal nachdenken würdet, oder?

Das Gedankenbeispiel zeigt, es geht weder um Praktika, Abschlussarbeiten oder Werkstudentenjobs. Es geht noch nicht einmal um das Studium. Worum es geht ist, einen Job zu bekommen, den man gern haben möchte. Der Abschluss befähigt einen, genau die Kenntnisse und Fertigkeiten zu erlangen die es braucht, um die entsprechend gestellten Aufgaben zu erfüllen. Das übergeordnete Ziel eines Studiums oder einer Ausbildung ist demnach ein Job und nichts anderes. Das klingt möglicherweise etwas profan. Vielen scheint jenes Ziel jedoch im Laufe der Ausbildung abhanden zu kommen.

Wie gelangt nun die eine oder der andere an ein Praktikum? Die Horrorversion? Sie verirren sich vor einem Schwarzen Brett oder in einer digitalen Jobbörse. Da findet dann folgendes statt: Angenommen jemand studiert BWL mit dem Schwerpunkt Marketing und sieht am Schwarzen Brett drei Stellenanzeigen:

1. Strategiepraktikum in der Agentur „Kennt-kein-Mensch".
2. Praktikum für Brand Building bei Bestgames.
3. Marketingpraktikum bei der Feuerwehr.

In 90 % der Fälle wird sich unser Student für die Nummer 2 entscheiden. Warum? Weil er etwa Bestgames kennt, ihm eine unbekannte Agentur ggf. zu piefig erscheint (macht sich nicht gut im Lebenslauf! – wer auch immer das sagt.) und was soll man schon von der Feuerwehr in Sachen Marketing lernen? Tss ...

Jetzt passiert folgendes: Unser Student, nennen wir ihn Klaus, bewirbt sich auf das Praktikum, wird angenommen - und hat nach zwei Wochen die Nase voll. Nanu, was ist denn da passiert?

Alles fing so gut an. Das Bewerbungsgespräch lief super, die Kollegen waren nett und Klaus wurde versprochen, garantiert keinen Kaffee kochen zu müssen. Dann aber fand sich Klaus in einem Großraumbüro wieder. Nein, eine Turnhalle trifft es besser. Ungefähr 15 Tischreihen, Klaus' Platz befand sich in Reihe zwölf. Links von ihm saßen 7 Kollegen, rechts von ihm 8. Alle klackern auf ihren Tastaturen herum, permanentes Gemurmel wie in einer Legehennenbatterie. Nee, so hatte sich der Klaus das nicht vorgestellt.

Nach zwei Wochen ist Klaus klar, NIEMALS, würde er hier arbeiten! Da es jedoch nicht Klaus' Art ist, Dinge hinzuschmeißen, kauft er sich ein paar Noise Cancelling-Kopfhörer und zieht das Praktikum durch, die vollen sechs Monate.

Unnötig zu erwähnen, dass das auch völlig anders laufen kann. Vielleicht liebt Klaus ja gerade dieses Gewusel und wird dort glücklich. Worum es mir bei dem Beispiel geht ist, dass es nahezu gänzlich dem Zufall überlassen wurde, wie sich das Ganze entwickelt. Was wusste Klaus von dem Praktikum? Dass es sich um ein stark skalierendes Unternehmen der Game-Branche handelt und dass er im Bereich Brand Building eingesetzt werden würde. Nur, sind das wirklich die entscheidenden Indikatoren dafür, dass er am Ende sagt: „Klasse, genauso habe ich mir das vorgestellt!"?

***

Sind nicht eher andere Dinge entscheidend dafür, dass ein Match zwischen Wunsch und Realität erfolgt? Aus meiner Sicht kann man Klaus' Vorgehen damit vergleichen als würde man(n) in ein Kaufhaus gehen, sich einen farblich und stilistisch halbwegs infrage kommenden Anzug kaufen, ohne jedoch auf die Größe zu achten geschweige denn ihn anzuprobieren. Anschließend geht man dann zu einem Änderungsschneider und lässt ihn passend machen oder wirft das Ding gleich weg. Klingt unsinnig? Ist es auch. Stattdessen hat es sich bewährt, seine Konfektionsgröße zu kennen, danach einen Anzug auszuwählen und ihn trotz dessen anzuprobieren. Es soll ja vorkommen, dass Größen unterschiedlich ausfallen ...

Warum nur überlassen so viele junge Leute es dem Zufall, wie sich ihre berufliche Zukunft entwickelt? Spinnen wir das Beispiel von eben doch einmal weiter. Was, wenn Klaus nach seinem Studium viele Absagen erhält und ihm letztlich nichts weiter übrig bleibt, als sich bei dem Unternehmen zu bewerben, bei dem er das Praktikum absolviert hat? Was, wenn er dort arbeitet, um seinen Lebensunterhalt zu verdienen und die Studiengebühren zurückzahlen zu können? Was, wenn er 2-3 Jahre später eine Familie gründet und nun noch mehr Verantwortung übernehmen muss?

Er könnte nicht mal eben etwas Neues ausprobieren und seinen Job hinwerfen. Sein eigentlicher Chef ist nun nämlich sein Banker und der wird ihm etwas husten.

Wer mich kennt weiß, dass ich alles andere bin als jemand, der gern schwarz malt. Im Gegenteil, meine Gläser sind immer voll, selbst wenn sie nur zur Hälfte mit Wasser gefüllt sind – der Rest ist Luft.

Sie würden sich jedoch wundern, wie viele junge Menschen das beschriebene Schicksal so oder so ähnlich ereilt. Der gesellschaftliche Druck ist bisweilen so groß, dass sie lieber unglücklich arbeiten, als glücklich einen neuen Job zu suchen und dadurch ggf. temporär Einbußen in Sachen Lebensstandard in Kauf nehmen müssten. Das sind dann Jene, die in den traurigen Kanon derer mit einstimmen, die jeden Freitagnachmittag aufs Neue grölen: *„Endlich Wochenende!"*. Schöne neue Welt ...

In einem CBS-Interview soll der Filmregisseur Ridley Scott gesagt haben: *„Ich habe nicht das Gefühl, in meinem Leben auch nur einen einzigen Tag gearbeitet zu haben, weil ich meine Arbeit so liebe."*. Erstrebenswert, oder? Nun, wie geht das? Was sollte man tun, um sich in diese Situation zu bringen?

Ich habe dazu folgenden Vorschlag: Es gibt zu viele Determinanten, die ein tolles Unternehmen beschreiben. Und überhaupt – was ist toll? Ist es toll, gut zu verdienen? Sich mit seinem Unternehmen identifizieren zu können? Viele nette Kollegen um sich zu wissen? Aus meiner Erfahrung sollte man sich auf die Suche nach dem Unternehmen „X" machen, indem es anhand folgender Bereiche beschrieben wird:

- **Geographie:** Wo will ich die nächsten 2-3 Jahre nach meinem Studium leben?
- **Kennzahlen:** Welche Art von Unternehmen passt zu mir (Agentur, KMU[1], Konzern)?
- **Branche:** Welche Branche interessiert mich?
- **Tätigkeiten:** Welche Aufgaben machen mir Freude, worin bin ich gut?

Schauen wir uns die Bereiche nacheinander an.

---

[1] Kleines bis mittleres Unternehmen – ca. 50 bis 500 Mitarbeiter.

4. Der fiktive Arbeitstag

Um das richtige Unternehmen zu finden, muss ich es erstmal suchen. Das wiederum setzt voraus, dass ich weiß, wonach ich überhaupt suchen soll – und wo! Viele werden leider nie das finden wonach sie suchen, weil sie es schlichtweg übersehen, wenn es vor ihnen liegt. Die Kunst der Informationsbeschaffung liegt darin, nicht einfach drauflos zu googeln, sondern sich zunächst die Frage zu stellen, wo die gewünschte Information liegen könnte. Wer einmal seinen Wohnungsschlüssel im Kühlschrank vergessen hat weiß, wovon ich rede.

Daher halte ich es für sinnvoll, hier, bevor wir zum fiktiven Arbeitstag kommen, einführend einige Worte zum Thema Recherche zu sagen, das wird uns später helfen.

Unternehmen sind zu komplex und zu unterschiedlich, als dass sich das richtige ohne eine konkrete Strategie finden ließe. Ähnlich ist es oftmals auch in der Polizeiarbeit, Menschen sind nicht minder komplex. Den Ermittlern hilft dann etwa das Konzept der Operativen Fallanalyse. Sie erstellen Profile von Menschen, die für eine Tat infrage kommen. Das hilft wiederum den Kollegen in der Fahndung, ihre Ressourcen effektiv einzusetzen.

Ähnlich ist es bei der Suche nach dem geeigneten Unternehmen. Sie haben schlichtweg nicht die Zeit, 1.000 Praktika zu absolvieren, um „möglicherweise" einen Treffer zu landen. Stattdessen empfehle ich Ihnen, ebenfalls ein Profil Ihres Wunschunternehmens zu entwerfen.

Wenn wir von Recherche sprechen hat es etwas damit zu tun, dass wir *Informationen* suchen. Was uns zu der Frage bringt, was Informationen sind. Da existieren Unmengen an Definitionen. Mir persönlich liegt der Ansatz von Wersig am nächsten, der sagt:

„Information ist die Verringerung von Ungewissheit."

Tja, jetzt haben wir den Salat. Was soll das nun wieder bedeuten?

Ein Beispiel: Angenommen Sie möchten wissen, wie spät es ist. Dann können Sie entweder auf Ihre Uhr sehen oder z.B. jemanden fragen. Das jeweilige Datum – Ziffernblatt oder Antwort – reduziert Ihre Ungewissheit bzgl. der Frage wie spät es ist. In diesem Fall wird das Datum zur Information.

Schauen Sie wenige Sekunden später wieder auf die Uhr bzw. fragen Ihren neuen Kumpel noch mal danach, wird letzterer vielleicht annehmen, dass Sie sie nicht mehr alle haben. Das Ziffernblatt der Uhr jedenfalls sieht nahezu genauso aus – und bleibt daher ein *Datum*. Warum? Na weil bei Ihnen keine Ungewissheit mehr vorherrscht, wie spät es ist. Schließlich haben Sie gerade auf die Uhr gesehen, oder?

Was dieses zugegebenermaßen etwas sperrige Beispiel zeigt ist jedoch, dass Sie, um Daten, die das Potenzial haben zur Information zu werden, finden zu können, dort hinschauen müssen, wo entsprechend relevante Daten „herumliegen". Wenn Sie also wissen wollen wie spät es ist, bringt Ihnen der Blick in den Kühlschrank bisweilen wenig, Sie müssen schon auf die Uhr sehen.

Für die Suche nach dem Wunschunternehmen bedeutet das – Sie sollten es grob kennen, um danach suchen zu können – und dazu benötigen wir den *fiktiven Arbeitstag*. Wenn wir den nämlich kennen können wir den nächsten Schritt gehen und nach einem Unternehmen suchen, in dem wir eben jenen Arbeitstag erleben können. Klingt logisch, oder? Gut, dann wollen wir mal.

***

Geographie: Wo will ich die nächsten 2-3 Jahre nach meinem Studium leben?

Wie das Beispiel mit der Studentin gezeigt hat, die gern einmal in Istanbul leben möchte, geht es darum, hier kurz aufzuschreiben, wo Ihr Lebensmittelpunkt nach dem Studium sein soll. Sind Sie an eine Stadt gebunden, weil dort etwa Ihr Partner oder Ihr Pferd lebt? Sind Sie auf ein Land fixiert, weil Sie nur Deutsch sprechen, oder sind Sie da flexibel bzw. wollen gar in einem ganz bestimmten Land leben?

Sie ahnen es, es macht natürlich Sinn, sich mit dieser Frage zu beschäftigen. Wenn Sie in Hamburg studieren, dies aber nur tun, weil Sie hier einen Studienplatz bekommen haben und es klar wie Kloßbrühe ist, dass Sie danach wieder zurück nach Leipzig gehen, sollten Sie auch eher nach einem Unternehmen suchen, das zumindest einen Standort in Leipzig hat.

Kennzahlen: Welche Art von Unternehmen passt zu mir (Agentur, KMU, Konzern)?

Der eine oder die andere von Ihnen wird sich jetzt vielleicht fragen, wozu das denn wichtig sein soll. Schließlich machen doch die Menschen das Arbeitsklima aus und die Aufgabe als solches. Stimmt. Allerdings ist es ein „kleiner" Unterschied, ob zehn Menschen Ihr Klima beeinflussen oder zehntausend. Es macht einen Unterschied, ob Sie in beinahe allen Bereichen der Wertschöpfungskette tätig sind oder lediglich in einem sehr, sehr kleinen Teil davon.

Aber beginnen wir langsam. Es gibt mehrere Aspekte, die sich mit steigender Unternehmensgröße ändern. In einer kleinen Agentur, einem Ingenieurbüro oder einer Beratungspraxis arbeiten ca. 5 bis 20 Mitarbeiter. Da kennen Sie jeden, das ist wie eine Familie. Sie erfahren jeden Klatsch und Tratsch, wissen alles, ständig und sofort. Sind Sie ein Familienmensch?

In kleinen bis mittleren Unternehmen arbeiten ca. 50 bis 500 Mitarbeiter idR an mehreren Standorten. Da haben Sie grundsätzlich die Chance, jeden einmal kennen zu lernen. Diese Unternehmen führen oftmals merkwürdige Mitarbeiterveranstaltungen durch, an denen dann alle Kollegen der Standorte A,B,C und D nach E fahren, um sich kennen zu lernen und auszutauschen.

Konzerne wiederum beschäftigen ca. 500 bis 10.000 Mitarbeiter auf der ganzen Welt. Vergessen Sie's, die werden Sie niemals alle kennen lernen. Vielmehr hocken Sie vermutlich zu Beginn Ihrer Karriere mit 20/30 Kollegen in einem Großraumbüro und dürfen sich darüber freuen, dass Sie kaum etwas von dem Tratsch aus Übersee mitbekommen. Mögen Sie Anonymität? Glückwunsch, hier gibt es sie!

Ein weiterer Aspekt, der durch die Unternehmensgröße bestimmt wird, ist das Aufgabenspektrum. Während Sie wie gesagt in der Agentur mehr oder weniger alles machen, sind Sie in einem KMU *Generalist* und im Konzern *Spezialist*. Klar, davon gibt es, wie immer im Leben, Ausnahmen, aber die bestätigen ja bekanntlich die Regel.

Woher sollen Sie nun aber wissen, ob Sie eher ein Allrounder oder ein Spezialist sind? Wie können Sie ableiten, ob Sie es eher anonym oder eher familiär mögen?

Hier gebe ich Ihnen zwei Indikatoren dafür. Wenn Sie es mögen, in der Mensa in einer Lerngruppe zu arbeiten, während um Sie herum viele andere Studenten locker flockig ihr Mittagessen verputzen, könnte das ein Hinweis darauf sein, dass ein Konzern zu Ihnen passt. Wenn Sie es hingegen lieben, sich ständig mit neuen Dingen zu beschäftigen und sich schnell langweilen kann es bedeuten, dass Sie ein Generalist sind, der vermutlich eher in kleineren Unternehmen zum Zuge kommt.

Branche: Welche Branche interessiert mich?

Wesentlich für die Zufriedenheit mit Ihrem Arbeitstag wird es sein, in welcher Branche Sie ihn verbringen. Hierzu fallen mir u.a. folgende Gründe ein: Erstens *Identifikation*. In jedem Berufsleben gibt es Krisen. Sei es, dass Sie ein schrulliger Kollege nervt, Sie eine Aufgabe vergeigen oder aber mal wieder die Leiterin aus dem Einkauf Urlaub bekommt, nur weil sie drei Kinder hat.

Wichtig ist jetzt, dass Sie Ihren Job lieben. Wenn Sie etwa Düngemittel produzieren oder aber Sturmgewehre und mit dem Krempel eigentlich so gar nichts am Hut haben, dann fangen Sie dort auch nicht an! Sie sollten stolz sein auf das, was dem Erlösmodell Ihres Arbeitgebers zugrunde liegt, jedem davon erzählen wollen, der es hören mag und allen anderen sowieso.

Zweiter Punkt: *Interesse*. Wenn Sie sich nicht dafür interessieren, dass Menschen rauchen, wie bitte wollen Sie die Kreativität aufbringen, eine Zigarettenmarke erfolgreich zu positionieren? Wenn Sie auf einer Party stolz davon berichten, dass Sie gerade einen Marathon gelaufen sind und die armen Seelen, die wieder zum Rauchen auf den Balkon müssen, mit einem Kopfschütteln bemitleiden, auf die Frage nach Ihrem Arbeitgeber aber mit „Nordish Germany Tobaco" antworten, dann stimmt da irgendetwas nicht.

Sie werden nicht gut sein in dem was Sie tun, wenn Sie Ihre Branche nicht interessiert. Nein, Sie „ok finden" reicht auch nicht! Sie werden keine Freude an der Arbeit haben, zu Hause Ihre Kinder anpflaumen und von innovativen Einfällen wollen wir lieber erst gar nicht reden. Wenn Sie der Firlefanz, den Ihr Chef Ihnen erzählt, nicht die Bohne interessiert, hauen Sie da ab, Sie arbeiten in der falschen Branche!

Gute Indikatoren sind hier, wenn Sie das, worum es in Ihrer Firma geht, abends nicht schlafen und morgens früh aufwachen lässt. Wenn Ihre Kumpels Ihnen sagen: *„Hör' ma Digga, jetzt lass ma' gut sein und sprich über was anderes als deine blöde Arbeit!"* und wenn es Sie wirklich nervt, dass ein anderes Unternehmen Marktführer ist, dann haben Sie in der richtigen Branche angeheuert. Wie man das für sich herausfinden kann besprechen wir später.

Tätigkeiten: Welche Aufgaben machen mir Freude, worin bin ich gut?

Last but not least – was machen Sie eigentlich den ganzen Tag? Angenommen Sie wollten immer zu einem Weltkonzern in die IT- Branche und sind den ganzen Tag damit beschäftigt, alberne Werbebanner zu verkaufen – wird Sie das nachhaltig glücklich machen? Genau, wohl kaum. Das letzte Puzzleteil ist somit die eigentliche *Tätigkeit*, die Sie ausüben.

Also, was macht Ihnen Freude? Lieben Sie es, Märkte zu analysieren? Prozesse zu optimieren? Angebote zu kalkulieren? Lösungen zu präsentieren? Was müssen Sie tun, um das Gefühl zu haben, nicht zu arbeiten? Ok, die Frage sollte ich relativieren – und jemand ist bereit, Sie dafür zu bezahlen?

Der Glücksforscher Mihály Csíkszentmihályi hat das so genannte *Flowprinzip* erfunden. Ja, der Gute heißt wirklich so, mit meiner Tastatur ist alles in Ordnung. Mir hilft es, an den Rapper *50 Cent* zu denken und 10 Cent dazuzurechnen, um mich an den Namen von Mr Flow erinnern zu können.

Um es kurz zu fassen, wenn wir uns im Flow-Erleben befinden, haben wir nicht das Gefühl zu arbeiten. Vielmehr bringt uns das, womit wir uns beschäftigen, viel Freude. Jetzt zum Beispiel. Während ich diese Zeilen schreibe habe ich nicht das Gefühl, zu arbeiten. Obwohl wir Karfreitag haben und draußen die Sonne scheint, sitze ich hier und schreibe Ihnen. Es macht mir Freude, meine Erfahrungen mit Ihnen zu teilen, deshalb fühlt es sich nicht wie Arbeit an.

Die Idee dahinter ist, stets in einem ausgeglichenen Verhältnis aus *Anforderungen* und *Fähigkeiten* zu agieren, um in einen Flow zu kommen bzw. um darin zu bleiben. Sind die Anforderungen zu hoch, sprich die Fähigkeiten zu klein, befinde ich mich im Zustand der Überforderung. Das kann kurzzeitig durchaus sinnvoll sein. Etwa dann, wenn ich mich einer Herausforderung stellen will, um daran zu wachsen. Gerät dies zum Dauerzustand droht jedoch ggf. ein Burnout.

Umgekehrt, wenn die Anforderungen zu niedrig - sprich meine Fähigkeiten zu hoch für die momentane Aufgabe sind, dann bin ich unterfordert, was wiederum in einem s.g. *Boreout* münden kann, ich langweile mich. Auch hier gilt, dass dieser Zustand kurzzeitig durchaus sinnvoll sein kann, nämlich dann, wenn gerade eine große Herausforderung gemeistert wurde und man etwas Erholung braucht.

Grundsätzlich gilt jedoch, dass ich nur dann in einen Flow kommen kann, wenn mir die Tätigkeit, die ich ausübe, Freude bereitet, die Anforderungen in einem ähnlichen Verhältnis steigen wie meine Fähigkeiten und sich die Phasen An- und Entspannung ebenfalls in ausgewogenem Maße abwechseln.

Was fangen wir nun damit an? Na ganz einfach, Sie schreiben ihn einmal auf, Ihren fiktiven Arbeitstag. Wie, können Sie nicht? Habe ich doch gerade beschrieben! Noch genauer? Ok, weil Sie's sind. Das folgende Beispiel veranschaulicht Ihnen einmal, was ich mit dieser Hausaufgabe meine und was dabei herauskommen kann. Zwei Dinge noch:

1. Bitte nehmen Sie sich Zeit! Widerstehen Sie der Versuchung, da huschhusch etwas zusammenzuklatschen. Wir backen hier keinen Kuchen, sondern Ihre Karriere!
2. Vermeiden Sie bitte unbedingt, konkrete Firmen zu benennen. Versuchen Sie, das Unternehmen abstrakt zu beschreiben, an-

sonsten sind Sie bei der Suche später kognitiv bereits irgendwo falsch abgebogen.

Es geht darum, einen Arbeitstag abstrakt zu beschreiben und dabei auf Details wie (Werbeagentur oder Controlling-Projekt) ganz bewusst zu verzichten. Vielmehr soll im Anschluss die Möglichkeit bestehen, anhand der Beschreibung im Diskurs (etwa mit Freunden, Eltern u.a.) herauszufinden, WO ein solcher Arbeitstag möglich wäre. Hier nun das Beispiel:

Ich stehe um 06.30 Uhr auf, da bereits um 07.20 Uhr die Regionalbahn nach Hamburg geht. Ich wohne im Randgebiet Hamburgs, um mein Einstiegsgehalt nicht in hohem Maße dem Hamburger Mietwucher zu opfern. Die Fahrtzeit nutze ich, um morgens die Tagespresse zu sichten und um abends Dinge nachzubereiten.

Gegen 08.30 Uhr betrete ich ein modernes Bürogebäude einer Firma, in der etwa 100 Mitarbeiter tätig sind. Mein Büro teile ich mir mit 2 anderen Kollegen und ich bin froh, nicht drüben im Großraumbüro sitzen zu müssen. Heute hat es ein anderer Kollege doch tatsächlich geschafft einmal anzuklopfen, ohne direkt ins Büro zu stürmen – geht doch.

Ich bin in der Marktforschungsbranche tätig und erstelle Konzepte. Meine Aufgabe ist es, komplexe Dinge leicht verständlich zu formulieren. Ich liebe es, ständig mit neuen Sachverhalten konfrontiert zu sein, sie schnell verstehen zu müssen und mich im Diskurs mit den Kollegen bewähren zu können. Wenn die Konzepte dann erstellt sind bin ich froh, dass andere sie vorstellen, das Präsentieren war noch nie meine Stärke.

Besser bin ich darin, zügig Netzwerke aufzubauen und mir so in kurzer Zeit belastbare Informationen zu beschaffen, die meine Konzeptpapiere zu relevanten Dokumenten werden lassen.

Mittags genieße ich es, ein paar Minuten für mich zu haben. Ich schätze meine Kollegen sehr, aber zwischendurch tut mir der Abstand gut. Ich gehe nach dem Essen eine Runde um den Block und denke darüber nach, was mein Abteilungsleiter mit seinen Äußerungen im Jour Fixe gemeint hat. Sieht er mich etwa in der Position, die so viele Reisen bedeutet? Bitte nicht. Mein Kollege lebt ja quasi aus dem Koffer, was so gar nichts für mich wäre.

Zur Vorbereitung der Projektpräsentation telefoniere ich noch mit zwei Kollegen aus London. Immer wieder ist es toll, ihren Cockney-Dialekt zu hören und Englisch zu sprechen. So bleibt das ganze up to date und hilft auch beim Lesen der vielen englischen Artikel.

Die Präsentation läuft ganz hervorragend, bei Zwischenfragen konnte ich auf den panischen Gesichtsausdrucks meines Abteilungsleiters gut reagieren. Sein Angebot, die nächste Präsentation zu halten, habe ich dann aber doch abgelehnt, fühle mich „hinter der Kamera" wesentlich wohler.

Meine Tage sind klar strukturiert. Auch heute habe ich um 17.30 Uhr Feierabend und bin froh, es so rechtzeitig zum Kurs bei Sportspass zu schaffen. Wir leben hier dieses so genannte „work life blending" – sprich man fördert ein individuelles Verhältnis zwischen Job und Privatem. Das finde ich wirklich wichtig, da ich spät abends zwar noch arbeiten mag, aber es unsinnig finde, um 22.00 Uhr auf dem Stepper herumzuhopsen.

In der Bahn lese ich dann noch ein Memo und freue mich bereits auf den kommenden Tag.

Comprende? Gut, dann sind Sie jetzt dran. Bis gleich!

5. Vernetzen! Wie geht Job Shadowing?

Und, haben Sie den fiktiven Arbeitstag aufgeschrieben? Die eine oder der andere tun sich bisweilen etwas schwer damit, ich weiß. Allerdings lohnt sich das wirklich! Wenn Sie mögen können Sie auch folgendes machen:

Eine Studentin sagte mir mal, dass sie immer wieder an den Punkt gelangen würde, dass das berühmte Teufelchen auf ihre Schulter springen und sagen würde: „Vergiss es, das klappt eh alles nicht!". Ich habe ihr dann empfohlen, zwei Versionen zu schreiben – eine (realistische – was immer das auch ist) für das Teufelchen und eine (Wunschversion) für sich selbst. Das half. Nachdem das Teufelchen milde gestimmt war gelang es ihr, genau den Arbeitstag zu formulieren, auf den sie sich wirklich freuen würde. Probieren Sie es aus!

Wenn Sie den Arbeitstag fertig beschrieben haben würde ich Ihnen empfehlen, das Ding für 3-4 Tage in einer Schublade liegen zu lassen. Dann holen Sie es wieder heraus und zeigen es einem guten Freund, Ihrer Oma oder einem anderen Vertrauten, der bzw. die Sie kennt. Sie bitten ihn, das zu lesen und fragen dann, in welchem Unternehmen so jemand wohl arbeiten könnte und um welche

Position es sich dabei handelt. Sie sollten freilich nicht erwähnen, dass Sie das geschrieben haben. Falls er fragt, sagen Sie einfach, dass Sie das später auflösen würden, oder so. Sie werden erstaunt sein, worauf Ihre Freunde alles kommen!

Falls Sie keine Freunde haben oder mit denen nicht darüber reden wollen bzw. Ihnen auch nichts einfällt können Sie auch mich fragen. Ja genau. Wir können das auch gemeinsam machen. Ich biete eine Art Ferncoaching an, bei dem es darum geht, all die Punkte die in diesem Buch besprochen werden, umzusetzen bzw. nachzuhalten.

Nähere Infos dazu finden Sie auf der Webseite **trojanized.com**.

Ok, genug der Schleichwerbung, kommen wir zum nächsten Punkt. Es geht jetzt wie gesagt darum, Unternehmen zu finden, die geeignet sind, dort den gewünschten Arbeitstag zu erleben. Ziel ist es, eine Liste von ca. 5-7 Unternehmen zusammenzustellen. Gut wäre demnach, dass die sich in gewisser Weise ähneln. Oftmals kommen Studierende vorbei und klatschen mir fünf Bewerbungsschreiben auf den Tisch, die dann etwa an folgende Unternehmen gerichtet sind:

- Airbus
- Beiersdorf
- Arbeit und mehr
- Sportfive

- Greenpeace

Zielführender wäre es allerdings, wenn die Liste wie folgt aussehen würde:

- Gruner + Jahr
- SPIEGEL
- Axel Springer
- Bauer Verlag
- Hubert Burda Media

Sehen Sie den Unterschied? In der ersten Liste stehen Unternehmen verschiedener Größen und aus unterschiedlichen Branchen. Die untere Liste enthält alles Verlage, die sich auch in der Unternehmensgröße ähneln. Nun will ich gern zugestehen, dass man beim SPIEGEL bestimmt einen anderen Arbeitstag erlebt als bei Axel Springer, aber ich glaube Sie haben meinen Punkt verstanden.

Nun folgt ein sehr wesentlicher Aspekt. Bis jetzt nehmen wir ja nur an, dass Sie in den aufgelisteten Unternehmen den Tag erleben können, den Sie sich wünschen. Nun gilt es, jene Annahmen auch abzusichern. Wie das geht? Na ganz einfach, Sie fragen Menschen, die genau in den Abteilungen der Unternehmen arbeiten, die Sie sich herausgesucht haben. Dort kennen Sie aber niemanden? Das habe ich mir gedacht. Deshalb werden wir Sie jetzt vernetzen.

Als erstes empfehle ich Ihnen, ein XING-Profil anzulegen. Keine Sorge, von denen bekomme ich keine Provision, tatsächlich kommen Sie aber in der DACH-Region nicht umhin, sich dort anzumelden. Sie sollten sogar (zumindest für die Bewerbungsphase) eine Premium-Mitgliedschaft abschließen. Warum? Erkläre ich Ihnen später.

Zunächst geht es darum, dass Sie aus den fünf Unternehmen drei herausfiltern, die für Sie besonders passend sind. Dazu bedienen Sie sich etwa der Methode von Fallanalytikern der Polizei. Genau, Sie erstellen *Unternehmensprofile*. Hierzu sollten Sie entweder mit einer Pin-Wand oder mit einem Tool à la *Evernote* arbeiten. Ich persönlich bevorzuge ein hybrides System – sprich ich arbeite analog und digital gleichermaßen.

Sie legen also jeweils ein Profil an und recherchieren die Metadaten von allen Unternehmen. Dazu gehören u.a. folgende Angaben:

- Umsatz und Gewinn
- Mitarbeiterzahl und Trend (wachsen oder schrumpfen sie?)
- Bekannteste Produkte und deren USPs [2]
- Wichtigste Maßnahmen in Sachen Employer Branding

---

[2] USP steht für *unique selling proposition* und bedeutet Alleinstellungsmerkmal.

- Je 1-2 Potikolls

Was um Himmels Willen sind nun *Potikolls*? Potikoll ist eine Abkürzung die ich mir ausgedacht habe, sie steht für *potenzieller Kollege*. Sie sollen jetzt nämlich in Kontakt zu Menschen treten, die bereits den Job haben, den Sie sich wünschen bzw. einen, der diesem recht nahe kommt. Sie sollen nun nämlich Ihre Annahmen, die Sie in dem fiktiven Arbeitstag getroffen haben, durch die Realität überprüfen.

Sie haben inzwischen ein XING-Profil angelegt? Sehr gut! Es geht nicht um Perfektion dabei, dennoch sollten Sie sich etwas Mühe damit geben. Laden Sie ein seriöses Profilbild hoch, Ihr Facebook-Profilbild ist da ggf. nicht die erste Wahl. Sie werden für Ihre Bewerbung ohnehin vernünftige Fotos benötigen, warum nicht also welche anfertigen lassen? Hier können Sie natürlich den klassischen Weg über einen Studio-Fotografen wählen, ich persönlich finde Fotos, die nicht in einem Studio aufgenommen wurden, allerdings interessanter. Oftmals ist das Studiolicht recht kalt und Sie sehen dann oftmals aus als wären Sie gerade aus einer Achterbahn gestiegen.

Auch das Format (hochkant) darf aus meiner Sicht gern mal infrage gestellt werden, ein Foto im Querformat fällt mit Sicherheit auf. Überlegen Sie doch, ob Sie ein Foto in einer urbanen Umgebung machen lassen. So können Sie Tiefenschärfe-Effekte nutzen und wirken durch das Tageslicht nicht so blass. Hüten Sie sich aber davor, das mit Laien zu machen! Buchen Sie auf jeden Fall einen Profi, das kostet heute nicht mehr die Welt. Die beste Uhrzeit für Außenfotos ist morgens und abends. Dann „brennt" die Sonne nicht so stark.

Der Vorteil ist zudem, dass ein Profi einen Filter dabei hat, sodass Sie keine Schwierigkeiten haben werden, die Augen auch längere Zeit offen zu halten, obwohl Sie quasi in Richtung Sonne sehen. Nichts ist schlimmer als Fotos von Leuten die entweder (durch die Sonne) gequält grinsen oder aussehen, als hätten sie gerade einen mehrstündigen Heulkrampf hinter sich.

Auf jeden Fall sollten Sie sich seriös kleiden aber bitte so, dass Sie sich wohl fühlen. Ok, Fotos haben wir, was gehört noch in Ihr XING-Profil? Erfinden Sie bitte keine Dinge, das kommt eh irgendwann raus. Wichtig ist nur, dass Sie niemanden anschreiben sollten, bevor Sie nicht mindestens zehn Kontakte haben. XING hat vermehrt mit so genannten Fake-Profilen zu tun und berichtet auch darüber. Daher sind vielen Leuten Mitglieder ggf. suspekt, die sie anschreiben und lediglich über 1-2 Kontakte verfügen.

Später sollten Sie auch ein Mantra für sich finden, das Sie dann auf die Startseite schreiben können.

Wie das geht und wofür das wichtig ist besprechen wir in Kapitel sechs. Sie können aber auch erst einmal ohne eines starten.

Sie haben nun also Ihre Liste mit den 5-7 Unternehmen vor sich. Diese suchen Sie nun bei XING unter der Rubrik *Unternehmen*. Als nächstes klicken Sie auf dem jeweiligen Unternehmensprofil auf *Mitarbeiter*. Dort finden Sie alle Profile der Mitarbeiter des Unternehmens, die ein entsprechendes XING-Profil angelegt haben.

Was jetzt folgt ist leider (je nach Unternehmensgröße) etwas Fleißarbeit. Die Mitarbeiter werden Ihnen nämlich alphabetisch aufgelistet und Sie müssen sich da nun ein wenig durchwuseln. Ok, eine kleine Einschränkung. Wenn Sie die genaue Berufsbezeichnung wissen (z.B. Buchhaltung) dann können Sie das auch über die erweiterte Suche direkt selektieren.

Leider haben aber heute viele Berufe ganz unterschiedliche Bezeichnungen und man ist zudem davon abhängig, welche Bezeichnung der jeweilige Mitarbeiter für sein Profil verwendet hat. Wenn Sie nämlich nach der Berufsbezeichnung *Personalabteilungsleiter* suchen kann es sein, dass Ihr gewünschter Kontakt unter *Head of Human Resources* zu finden ist.

Dieses kleine Puzzelspiel lohnt sich jedoch aus mehreren Gründen. Zunächst einmal sehen Sie viele relevante Profile und können ggf. einiges für sich selbst lernen. Darüber hinaus erfahren Sie, welchen Hintergrund die einzelnen Personen haben. Das ist etwa für folgendes Phänomen gut:

Viele Studierende kommen zu mir und berichten freudestrahlend, dass sie sich nun für einen Masterstudiengang bewerben wollen. Wenn ich sie dann frage warum sie das tun schauen die meisten etwas befremdlich und stammeln etwas von: *„Na dadurch bekomme ich doch einen besseren Job.* (Ich schweige.) *Oder etwa nicht?"*. „Keine Ahnung, verraten Sie es mir." sage ich dann oft.

Tatsächlich ist mir etwa bekannt, dass das Logistik-Unternehmen Kühne & Nagel bisweilen bevorzugt Absolventen einstellt, die „nur" einen Bachelor-Abschluss gemacht haben. Hintergrund ist hier u.a., dass die jungen Leute dann zumeist noch flexibler in der Frage der jeweiligen Spezialisierung sind und zunächst herausfinden können, worin sie wirklich gut sind.

Nicht selten geschieht es nämlich, dass jemand eine Ausbildung zum Lehrer absolviert nur um dann festzustellen, dass ihm das gar nicht liegt. Woher will ich denn wissen, dass ein Masterstudium im Bereich Logistik genau das Richtige für mich ist, wenn ich doch noch gar nicht, oder nur kurz, in einem solchen Unternehmen gearbeitet habe? Was, wenn ich etwa im Rahmen eines Trainee-Programms feststelle, dass vielmehr Marketing mein Ding ist?

Ein eher geeigneter Indikator für die Entscheidung „Mache ich einen Master?" wäre für mich, wenn mehr als die Hälfte der Potikolls einen Masterabschluss in ihrem XING-Profil ausweisen. Wenn die alle „nur" einen Bachelor haben – wozu sich dann mit einem Masterstudium herumschlagen?

Ok, Sie haben nun also die Mitarbeiter Ihrer Unternehmensliste gescannt und somit ca. 12-15 Potikolls gefunden. Erinnern Sie sich noch als ich sagte, dass es sinnvoll ist, bereits direkt eine Premium-Mitgliedschaft bei XING abzuschließen? Darauf gehen wir nun ein. Sie sollen jetzt nämlich diese 12-15 Potikolls anschreiben. Ja genau, obwohl Sie sie nicht kennen. Das geht in der Anzahl nämlich nur, wenn Sie Premium-Mitglied sind. Noch mal, XING zahlt mir keinen Cent dafür, ich gebe Ihnen diesen Tipp wirklich freiwillig.

Sie sollten es zunächst tunlichst vermeiden, die Potikolls zu *adden* – sprich ihnen eine Kontaktanfrage zu senden, das kommt später! Sie würden es doch auch befremdlich finden, wenn Ihnen jemand auf Facebook eine Freundschaftsanfrage sendet und Sie keinen blassen Schimmer haben, wer das ist, oder? Sehen Sie, so ist das bei XING oder LinkedIn auch.

Wohl aber „dürfen" Sie jemandem eine E-Mail schreiben. Es steht demjenigen dann ja frei, darauf zu antworten. Tatsächlich ist die Antwortrate, bei dem was ich Ihnen jetzt ans Herz lege, bei vielen meiner Studierenden weit über 80 % gewesen. Es geht nun nämlich darum, dass Sie Ihre Potikolls per E-Mail bitten, Ihnen zu sagen, ob deren tatsächlicher Arbeitstag stark von Ihrem fiktiven Konstrukt abweicht oder ob das schon der Realität entspricht. So eine E-Mail könnte dann etwa so lauten:

„Sehr geehrte Frau Mustermann,

mein Name ist Peter Beispielstudent, wir kennen uns persönlich noch nicht. Dennoch möchte ich Sie bitten, die nachstehenden Zeilen zu lesen, vielen Dank dafür vorab!

Ich studiere zurzeit im vierten Semester Beispielwissenschaften und möchte gern damit beginnen, mir ein Unternehmen zu suchen, das zu mir passt bzw. zu dem ich passe. Aufgrund der Vielzahl der existierenden Unternehmen und der sich darin bietenden Tätigkeitsfelder habe ich einmal einen fiktiven Arbeitstag formuliert, den ich dieser E-Mail beifüge.

Im Anschluss an das Verfassen jenes fiktiven Arbeitstages habe ich mich auf die Suche nach Unternehmen gemacht, die aus meiner Sicht grundsätzlich geeignet sind, dass ich dort einen solchen Tag erleben kann. Dadurch bin ich u.a. auf Ihr Unternehmen gekommen und im Weiteren dann auf Sie, da sie genau das machen, was ich später gern einmal machen möchte.

Liebe Frau Mustermann, dürfte ich Sie darum bitten, einmal meinen fiktiven Arbeitstag zu lesen und mit dem Ihren zu vergleichen? Ist das, was ich mir da vorstelle, völlig abwegig oder kommt es dem, was Sie täglich erleben, recht nahe?

Für Ihre Mühe danke ich Ihnen vielmals, stehe für Rückfragen gern zur Verfügung, mit den besten Grüßen,

Peter Beispielstudent"

Tatsächlich gibt es Leute, die nicht darauf antworten oder nur ein lapidares „*Versteh' ich nicht.*" zurück schreiben. Wenn Ihnen das passiert – seien Sie froh! Wer will solche Spaßbremsen denn schon als Kollegen haben?

Die meisten meiner Studierenden haben ganz wunderbare Rückmeldungen bekommen, oftmals passiert dann folgendes: Die Potikolls erinnern sich in der Regel nur zu gut daran, wie es ihnen selbst einmal ging, als sie an einer „Orientierungsdepression gelitten" haben.

Ach ja, vielleicht sollte ich Ihnen noch sagen, wer Ihre Potikolls sind und wer nicht. Wenn Sie einmal Vorstandsvorsitzender von Audi werden möchten sollten Sie sich darüber im Klaren sein, dass das wohl eher nicht die Einstiegsposition nach Ihrem Bachelor ist! Vielmehr sollten Sie sich jemanden suchen, der die nächsthöhere Position innehat, die nach Ihrer potenziellen Einstiegsposition kommt. Wenn Sie also als Trainee einsteigen wollen wäre ein Junior-Consultant die richtige Wahl.

Die Potikolls meiner Studierenden schreiben oftmals umfassend und keineswegs genervt zurück. Vielmehr loben sie den Ansatz und helfen gern. Sie schreiben dann, dass es entweder tatsächlich viele Übereinstimmungen zwischen Fiktion der Studierenden und Realität der Potikolls gibt oder aber sie verneinen dies und empfehlen dann jedoch direkt den einen oder die andere Kollegin aus der Abteilung „wasweißich", die stattdessen angeschrieben werden sollten.

Sie werten die Antworten jetzt ordentlich aus und ordnen sie Ihren Unternehmensprofilen an Ihrer *CSI-Pinnwand* oder Ihrem Evernote-Projekt zu. Sie werden durch die verschiedenen Antworten ein gutes Bild davon bekommen, welcher *Laden* zu Ihnen passt und welcher eher nicht. Ihre nächste Aufgabe wird nun sein, aus den 5-7 Unternehmen eine Top-3-Liste zu erstellen. Falls Sie für diese Entscheidung ein geeignetes Tool suchen sollten – hier kann ich *proofler.com* wärmstens empfehlen. Warum? Erkläre ich Ihnen in Kapitel 7, aber wenn Sie mögen schauen Sie sich das Ding doch schon mal an.

Wie wählen Sie nun Ihre Top-3 Unternehmen aus? Das machen Sie so: Es gibt nicht viel, was man vom Bundespräsidenten a.D. Christian Wulff lernen kann, aber eines schon – seine *Salamitaktik*.

***

Bis jetzt wissen Sie ja nur die halbe Wahrheit. Durch die Antworten Ihrer Potikolls haben Sie die Vermutung, dass deren Unternehmen etwas für Sie sein könnte. Der nächste Schritt ist nun, sich das Ganze mal vor Ort anzusehen. Ein aus meiner Sicht sehr, sehr wirkungsvolles und in Deutschland bisweilen noch sehr unbekanntes Instrument ist das so genannte *JobShadowing*.

Beim JobShadowing bilden Sie, wie der Name vermuten lässt, den Schatten eines Menschen für einen Tag. Sprich Sie kleben an den Fersen Ihres Potikolls, stehen aktiv nicht im Weg, beobachten, hören zu. Ihr Potikoll gewährt Ihnen Einblicke in seinen Arbeitstag und vermittelt Ihnen so ein Gefühl davon, womit er sich den lieben langen Tag auseinandersetzen darf.

Man kann JobShadowing alternativ auch als *Mikrohospitanz* bezeichnen. Es geht nicht darum, dass Sie dort fachlich inhaltliche Dinge lernen, sondern lediglich darum, dass Sie in dem jeweiligen Unternehmen etwas *Stallgeruch* aufnehmen. Sie sehen, wie die Kollegen in der entsprechenden Abteilung gekleidet sind, an welchen Arbeitsplätzen sie sitzen (z.B. Einzel – oder Großraumbüro) und sie bekommen einen Eindruck davon, wie man in dem Unternehmen mit einander umgeht. Duzen oder Siezen? Gibt es kostenloses Wasser und Kaffee? Existiert ein Rückzugs- bzw. Ruheraum? Taugt die Kantine etwas usw.

Selbstverständlich ist ein (halber) Tag nicht repräsentativ dafür, wie es in einem Unternehmen wirklich läuft. Es ist eine etwas unnatürliche Situation für alle, schon klar. Allerdings ist es ein erster Eindruck und der hilft in der Regel durchaus. Auch hier kann wieder der Vergleich mit der Partnersuche bemüht werden, da wissen Sie oftmals auch bereits nach einer Stunde, ob Sie denjenigen wiedersehen oder sich lieber an einen anderen Ort beamen wollen.

Wenn Sie das nun 2-3 Mal gemacht haben, werden Sie ziemlich gut einschätzen können, welches Unternehmen am besten zu Ihnen passt. Im Übrigen ist das keine Einbahnstraße!

Auch die Unternehmen können sich ein besseres Bild von Ihnen machen, bevor Sie sich dort ggf. um ein Praktikum bewerben. So könnte ich mir vorstellen, dass Sie keine Begeisterungsstürme in einem Ingenieurbüro auslösen, wenn Sie dort etwa mit Ihrem Louis Vuitton-Täschchen hineingestöckelt kommen und nach der Personalabteilung fragen.

***

Machen wir uns nichts vor, nicht alle Unternehmen sind dazu bereit, Ihnen einen kurzen Einblick in Form eines JobShadowing zu gewähren. Zu aufwändig scheint es vielen, zu oft geht die Angst um, Sie könnten irgendwelche Firmengeheimnisse stehlen. Dass das natürlich Unsinn und viel zu kurz gedacht ist, brauche ich wohl kaum zu erwähnen. Das JobShadowing lohnt sich nämlich nicht nur für die potenziellen Bewerber, sondern eben auch für die Unternehmen.

Wer will schon all die mehr oder weniger oberflächlichen Bewerbungen sichten, die da täglich in die HR-Abteilungen flattern bei denen man oft auf den ersten Blick erkennt, dass lediglich der Empfänger per Copy & Paste ausgetauscht wurde. Außerdem geschieht es nicht selten, dass die HR-Abteilung gern mal die Kandidaten einlädt, die ihnen sympathisch sind, nicht zwingend jene, die am besten in die entsprechende Fachabteilung passen ...

Schauen wir also nach Alternativen zum JobShadowing. Hier fallen mir drei Möglichkeiten ein. Wenn Ihr Potikoll keine Möglichkeit sieht, Ihnen ein JobShadowing anzubieten, können Sie folgendes tun:

1. JobShadowing-light: Sie fragen Ihren Potikoll, ob Sie ihn/sie nicht mal auf einen

Kaffee (in die Betriebskantine) einladen dürfen. Dies hätte den Vorteil, dass er/sie weniger Zeit investiert und Sie (wenn es mit der Betriebskantine klappt) ggf. doch einen Blick in die Höhle des Löwen werfen dürfen. Auch hier gilt wieder die Salamitaktik. Wenn Sie erstmal in der Firmenkantine sitzen können Sie fast sicher sein, dass nach dem Plausch (vorausgesetzt Sie sind dem Potikoll sympathisch) noch das Angebot kommt, Ihnen kurz eine kleine Führung zu gewähren.

2. JobShadowing-XXS: Sollte Ihrem Potikoll auch ein JobShadowing-light zu viel sein, bleiben Sie hartnäckig! Ohnehin empfehle ich Ihnen, bisweilen die H^3-Strategie (erkläre ich gleich) anzuwenden. Sie bitten einfach per Mail darum, Ihnen dann wenigstens telefonisch 2-3 Fragen zu beantworten. Warum das so immens wichtig sein kann, beantworte ich in Kapitel 8.

3. Firmenevents: Sollte auch Plan C nicht funktionieren hilft Ihnen nur noch eines – darauf zu hoffen, dass die Unternehmen entweder einen Tag der offenen Tür anbieten oder z.B. bei *CareerDate.net* mitmachen. Das Team von CareerDate ermög-

licht Ihnen von derartigen Firmenevents zu erfahren, ein hochgradig empfehlenswerter Ansatz!

Was meine ich nun mit der H³-Strategie? H³ steht für *herzliche Hartnäckigkeit hilft*. Wenn Sie etwas wirklich wollen, sollten Sie auch darum kämpfen und sich nicht beim ersten leichten Gegenwind vom Acker machen. Während meines Studiums wollte ich unbedingt ein mehrmonatiges Setpraktikum bei Studio Hamburg absolvieren und dort auch meine Diplomarbeit schreiben. Ein Blick auf deren Webseite ließ mich seinerzeit folgendes wissen: *„Wir bieten weder Studienpraktika noch die Möglichkeit an, bei uns im Hause eine Abschlussarbeit zu schreiben."*.

Toll! - dachte ich damals. Ich hatte endlich ein Unternehmen gefunden, das ich spannend fand und die wollten mir keinen Einblick gewähren. Ich fühlte mich wie dieser Köter auf einer Postkarte, der auf Rollerblades und mit einem Eis in der Pfote vor einem Geschäft zum Stehen kam, an dem drei Verbotsschilder montiert waren. Je eines für Rollerblades, für Eis und für Hunde.

Die Geschichte endete so, dass ich vier Monate am Set von zwei kompletten Tatortproduktionen als Regiepraktikant, im Anschluss noch zwei Monate im Dramaturgie-Department verbringen und vor

Ort meine Diplomarbeit schreiben durfte. Wie das ging? Na mittels H³-Strategie.

Während eines Studentenjobs chauffierte ich die damalige Studio-Hamburg-Presseverantwortliche von einer Veranstaltung nach Hause. Sie saß ja nun im Wagen und war mir quasi *ausgeliefert*. Durch ein paar Bemerkungen provozierte ich die Frage, was ich denn machen würde. Dann hatte sie verloren! *„Ich würde ja gern mal ein Praktikum beim Tatort machen."* Ließ ich sie wissen. Leicht beschwipst kicherte sie: *„Sie sind ja süß! Na dann bestellen Sie doch der Tina Müller[3] mal einen schönen Gruß von mir."* Tja und so nahm das dann seinen Lauf.

Auch die H³-Strategie hat freilich ihre Grenzen. Wenn Sie etwa unbedingt Ihre Abschlussarbeit beim Bundesnachrichtendienst schreiben wollen beißen Sie dort selbst mit H³ auf Granit. Dennoch lohnt es sich, das immer dann anzuwenden, wenn Ihnen etwas wirklich wichtig ist. Ob es die hübsche Kassiererin ist oder ein Praktikum. Sie werden nämlich durch das Anwenden der H³-Strategie merken, *wie* wichtig Ihnen das jeweilige Ziel ist, nur zu!

Was Sie durch ein JobShadowing (auch in einer abgespeckten Variante) neben den wertvollen Eindrücken erreichen ist – Sie vernetzen sich. Sie wer-

---

[3] Der Name ist natürlich erfunden.

den dadurch Bewerbungen schreiben, die weit unter der Oberfläche der vorab erwähnten Copy-Paste-Schreiben operieren. Sie können nämlich plausibel belegen, *warum* Sie sich bei dem jeweiligen Unternehmen bewerben. Weil Ihnen nämlich die Eindrücke, die Ihnen die Frau Schröder vor Ort oder am Telefon gewährt hat, Sie darin bestätigen, dass Sie genau dort lernen wollen und nirgends anders.

6. (M)Ein Thema finden.

Wir haben jetzt schon eine Menge besprochen. Sie wissen inzwischen, wie Sie ableiten können, welches Unternehmen zu Ihnen passt und wie Sie dort den berühmten Fuß in die Tür bekommen. Jetzt geht es darum, sich dort „einzunisten". Denn ein Praktikum zu bekommen ist das eine, es bestmöglich zu nutzen, das andere. In diesem Kapitel wird es darum gehen, wie Sie ein Thema für sich finden, das idealerweise folgende Kriterien erfüllt:

- Es birgt das Potenzial, dass Sie sich damit die nächsten 3-5 Jahre beschäftigen können – sprich Sie haben Freude daran.
- Es ist relevant für Ihr Unternehmen „X" und kann dort ggf. ein Problem lösen.

Falls Sie sich fragen, was ich genau damit meine, hier einige Beispiele: Angenommen Ihr Unternehmen stellt Zigaretten her, es ist profitabel und bei den Arbeitnehmern beliebt. Leider fällt es ihm schwer, junge Leute für sich zu begeistern, da die wiederum nicht so gern auf einer Party zugeben möchten, für einen Zigarettenhersteller zu arbeiten – das Beispiel ist uns bereits einmal begegnet.

Dann hat dieses Unternehmen schlicht und ergreifend ein Employer Branding-Problem. Wenn es Ihnen gelingt, hierfür schlaue Ansätze zu finden können Sie sicher sein, einen Job zu bekommen.

Ein weiteres Beispiel lässt sich finden, wenn Sie sich vorstellen, dass derzeit viele Verlagshäuser nach neuen Geschäftsmodellen suchen, da die Printmedien mehr und mehr an Bedeutung verlieren. Auch hier können Sie davon ausgehen, dass man Sie mit offenen Armen empfangen wird, sollten Ihnen hier praktikable Lösungsansätze einfallen.

Die beiden Beispiele machen deutlich, dass es sich um wirklich dicke Bretter handelt, wie es so schön heißt. Sie können freilich auch mit wesentlich einfacher zu lösenden Problemen ein wertvolles Thema finden. Mir war es jedoch wichtig, dass Ihnen klar wird, worum es geht. Das Zauberwort heißt nämlich *Nutzen*. Wenn Sie ein Thema finden, das Sie persönlich abends nicht in den Schlaf kommen und morgens ruckzuck hellwach sein lässt, ist das ein Sechser im Lotto. Wenn jenes Thema zudem auch noch ein Problem Ihres Lieblingsunternehmens zu lösen vermag – Jackpot!

Sie merken jedoch an den beiden Beispielen, dass diese Themen so komplex sind, dass sie nicht mal eben über Nacht zu lösen sind. Müssen sie auch nicht. Es ist völlig ok, wenn Sie damit 3-5 Jahre zubringen. Tatsächlich könnte es sogar schlau sein, darüber nachzudenken, über jenes Thema eine Dissertation zu verfassen. Eine weitere Motivation, sich einmal so richtig intensiv mit einem Thema auseinander zu setzen.

Wichtig ist, dass Sie sich für die Suche nach einem derartigen Thema Zeit nehmen. Überstürzen Sie nichts, das geht in die Hose. Die Gretchenfrage dürfte an dieser Stelle wohl folgende sein: *Wie finde ich so ein Thema?* Hierfür möchte ich Ihnen drei Möglichkeiten vorstellen.

Sie dürften sich ja jetzt an dem Punkt befinden, dass Sie erste Potikolls kontaktiert haben. Wenn Sie die Chance haben, dann stellen Sie Ihnen doch im Rahmen des JobShadowings oder in einer E-Mail folgende Frage: *„Was müsste im Titel einer Bachelorarbeit stehen, damit Sie sie lesen?"*.

Der Clou ist – Sie sollten die Frage genau so stellen. Der Grund ist, dass viele Potikolls sonst befürchten könnten, sich etwa mit der Betreuung einer Bachelorarbeit zusätzliche Arbeit aufzuhalsen. Darum geht es aber gar nicht. Was Sie erreichen, wenn Sie die Frage so stellen, ist vielmehr, dass sich die Potikolls fragen: „Hmm, was treibt mich gerade um? In welcher Sache könnte ich Unterstützung gebrauchen?"

Das wiederum lieben die Potikolls. Die haben alle den Tisch randvoll mit Arbeit und sind froh, wenn sie davon etwas abgeben können und ein wenig Unterstützung bekommen – freilich ohne eine nennenswerte Gegenleistung. Das ist Ihre Chance! Kitzeln Sie das Thema soweit aus den Potikolls heraus, dass sich daraus etwa ein Thema für Ihre Abschlussarbeit ableiten lässt.

Nochmal, es ist nicht zwingend nötig, dass die Potikolls die Arbeit auch als Zweitprüfer betreuen. Es geht darum, dass Sie sich durch das Beschäftigen mit dem Thema von einem „belanglosen" Studierenden zu einem Menschen entwickeln, der Interesse zeigt und sodann Ahnung von einem Thema bekommt, welches für das Unternehmen von Bedeutung ist.

Darüber hinaus werden Sie beim Entwickeln des Themas feststellen, ob es etwas für Sie ist. Dies ist nämlich die noch fehlende Komponente in der Gleichung. Wenn Sie glauben, dass ein Unternehmen zu Ihnen passen kann und Sie von einem dort beschäftigten Mitarbeiter erfahren haben, dass das Thema „XY" dort en vogue ist, sollten Sie nur noch sicher gehen, dass Sie sich für jenes Thema auch erwärmen können. Schließlich bringt es Ihnen nichts, wenn Ihre Leidenschaft Controlling ist und Ihnen ein PWC-Mitarbeiter steckt, dass dort die interne Kommunikation einem Desaster gleichkommt.

Wenn Sie jedoch mit dem Thema etwas anfangen können, sollten Sie sofort damit beginnen, es zu verstehen. Schreiben Sie ein 2-3 seitiges Whitepaper darüber. Recherchieren Sie was das Zeug hält. Durchforsten Sie die Bibliotheken Ihrer Stadt bzw. Ihrer Uni und deren Datenbanken nach relevanten Artikeln zu dem Thema. Sichten Sie Dissertationen dazu und befragen Sie die klügsten Köpfe Ihrer Uni, die etwas Relevantes dazu sagen können.

Die lassen Sie auch das Whitepaper gegenlesen, bevor Sie es Ihrem Potikoll mit der Frage schicken: „Schauen Sie mal, geht das in die richtige Richtung?". Jetzt haben Sie ca. 20-30 Stunden mit dem Thema zugebracht und sollten ein Gefühl dafür entwickelt haben, ob der Kram das Zeug dazu hat, Sie in einen Flow zu bringen oder eher in einen Tiefschlaf zu befördern. Interessiert Sie das oder müssen Sie sich überwinden, sich damit auseinanderzusetzen?

Fassen Sie das Thema in dieser Phase ruhig etwas weiter. Schauen Sie sich an, wie andere (ggf. aus einer anderen Branche) das Problem gelöst haben. Wer veröffentlicht wissenschaftlich viel darüber? Gibt es Journalisten/Blogger, die sich dem Thema bereits angenommen haben? Hier ist etwa der Datenhost *www.genios.de* eine hervorragende Quelle für relevante Artikel.

Wenn Sie schlau sind, verfolgen Sie das Thema für den Rest Ihres Studiums. Richten Sie dazu entsprechende RSS-Feeds und Google-Alerts ein. Thematisieren Sie es in Hausarbeiten, Referaten oder in Gruppenarbeiten. Wann immer es möglich ist sprechen Sie mit Dritten darüber (darauf werden wir in Kapitel 9 auch noch mal eingehen), um sich so viele Meinungen wie möglich dazu einzuholen.

Ein großes Problem, das viele junge Bachelorabsolventen haben, ist, dass sie vieles können aber nichts richtig. Unternehmen wollen jedoch Menschen treffen, die eine belastbare Meinung zu einem Sachverhalt haben. Die nachweisen können, sich einmal wirklich für ein Thema begeistert und daran festgebissen zu haben. Glauben Sie mir, DAS ist viel, viel mehr wert als ein exzellenter Notendurchschnitt oder der Umstand, das Studium in der Regelstudienzeit absolviert zu haben.

Wenn Sie es richtig anstellen, haben Sie sich während des Praktikums und einer etwaigen Werkstudententätigkeit so gut vernetzt, dass Ihr Whitepaper bereits viele kluge Köpfe gesehen haben, Ihnen im Rahmen der Abschlussarbeit als Interviewpartner zur Verfügung stehen und Sie das Papier direkt als Exposé verwenden können, um einen Prof. als Betreuer zu gewinnen.

Wenn Sie diesen Prozess durchhalten, haben Sie einen riesigen Vorteil gegenüber vielen anderen

Absolventen. Selbst dann, wenn Sie zu dem Schluss kommen, dass das Unternehmen, bei dem Sie ein Praktikum absolviert, als Werkstudentin gejobbt und Ihre Abschlussarbeit geschrieben haben, doch nicht als Arbeitgeber infrage kommt.

Warum? Ganz einfach, Sie haben jetzt gelernt, *„ein Instrument zu spielen"*. Spielen Sie ein Instrument? Dann wissen Sie vermutlich was ich meine. Wenn Sie nämlich ganz gut Gitarre spielen können, wird es Ihnen viel leichter fallen, danach auch Keyboard oder Saxophon zu lernen. Sie kennen die Tonarten, haben ein Gefühl für Töne und den Takt.

Ähnlich ist es im Straßenverkehr. Wenn Sie bereits einige Jahre mit dem Moped durch die Gegend gedüst sind, fällt es Ihnen wesentlich leichter, auch den Autoführerschein zu machen, als wenn Sie ein kompletter Anfänger sind. Klingt logisch, oder?

Genauso ist es mit einem Thema, das einem Unternehmenskontext entspringt. Wenn Sie sich einmal umfassend mit einem komplexen Sachverhalt auseinander gesetzt und diesen durchdrungen haben, wird es Ihnen viel einfacher fallen, das in einem anderen Unternehmen mit einer neuen Thematik zu wiederholen als machten Sie das dann das erste Mal (etwa als Berufseinsteiger).

Das ist der Riesenvorteil, den dieses Vorgehen bietet. Sie schaffen einen so genannten „Durchstich". Denken Sie eine Sache mal zu Ende und beschäftigen sich mit Ziffern weit hinter dem Komma als stets nur mit ganzen Zahlen. Das bedeutet im Übrigen nicht, dass Sie dabei nicht auch mal über den Tellerrand hinaus, nach links und rechts schauen dürfen. Nur zu. Aber dieser einen Sache sollten Sie sich ab der Mitte des Studiums annehmen und gut darin werden.

***

Wie ich schrieb, ist es ein unglaublicher Glücksgriff, auf ein Thema zu stoßen, das gleichermaßen für ein Unternehmen, das Sie mögen, relevant ist und das Sie fasziniert. Tatsächlich habe ich erst recht spät ein solches Thema für mich entdeckt. Wissensbasierte Entscheidungsfindung ist etwas, das mich unglaublich umtreibt und das zudem für viele Unternehmen sehr spannend zu sein scheint.

Sollte es Ihnen nicht vergönnt sein, mittels des skizzierten Weges (über einen Potikoll) auf ein derartiges Thema zu stoßen bzw. auf keines, das Sie wirklich interessiert – nicht verzagen, da hab' ich etwas für Sie.

Das Thema, das Sie wirklich fasziniert, ist schon da, glauben Sie mir. Die Kunst besteht nun darin, es an die Oberfläche zu locken. Dazu möchte ich Ihnen folgendes Vorgehen vorschlagen: Bitte abonnieren Sie für 2 x 2 aufeinanderfolgende Wochen je eine Tageszeitung. Es gibt ja diese kostenlosen 2-Wochen-Abos, die Sie halt nur gleich kündigen müssten.

Sie bekommen nun also für einen Monat eine Tageszeitung. Eine davon sollte das Handelsblatt sein (wegen des wirtschaftlichen Kontexts) und eine ggf. regionale Tageszeitung. Darüber hinaus besorgen Sie sich bitte je ein Probeabo für zwei Wochenzeitungen (z.B. Die Zeit und der SPIEGEL).

Wenn die Zeitungen eintrudeln machen Sie bitte folgendes: Zunächst blättern Sie jede Zeitung von Anfang bis Ende durch und überfliegen dabei die Artikel, Abbildungen und Fotos. Alle Stellen, an denen Sie hängen bleiben, markieren Sie bitte mit einem grünen Textmarker. Wenn Sie die Zeitung *gescannt* haben, beginnen Sie wieder von vorn. Jetzt lesen Sie bitte alle grün markierten Artikel.

Jeden Artikel, den Sie auch komplett gelesen (und nicht zwischendurch das Interesse verloren) haben, markieren Sie bitte zusätzlich mit einem roten Textmarker. Danach legen Sie die Zeitungen jeweils auf einen Stapel (Tages- und Wochenzeitungen).

Ergänzend dazu machen Sie bitte folgendes: Wann immer Ihnen in diesen vier Wochen etwas Interessantes ins Auge sticht, Sie einen spannenden Beitrag im Radio hören oder im TV sehen, Sie einen spannenden Post im Web lesen – sammeln Sie das ebenfalls (z.B. in Evernote oder mit keeeb). Gehen Sie zudem in dieser Zeit einmal pro Woche in einen großen Presseshop/Zeitungskiosk und lassen Sie sich treiben. Dokumentieren Sie anschließend, wo Sie stehen bzw. „kleben" geblieben sind. Welche Zeitungen, Journale oder Bücher haben Sie angesprochen?

Wenn die vier Wochen vorüber sind, beginnen Sie damit, alle grünen und roten Artikel auszuschneiden und diese thematisch zu clustern. So entstehen etwa Bereiche bei denen es immer wieder um Mode geht, dann taucht z.B. immer wieder eine bestimmte Person auf und schließlich bildet evtl. ein Cluster den Bereich Umwelt ab.

Ziel ist es nun, jeweils die roten Artikel in die Mitte der Themencluster zu positionieren und mit grünen Artikeln (wie bei einer Blume) zu umranden. Wenn das geschehen ist, treten Sie ein paar Schritte zurück und betrachten Ihr Kunstwerk. Welches sind die drei größten (sprich die meisten Artikel) Cluster?

Versuchen Sie nun, aus diesen Clustern und Ihren gesammelten Werken auf Evernote (TV/Radio/Web/Presseshops) ein Thema für sich abzuleiten. Idealerweise folgen Sie da der Empfehlung von Porter Gale, die vorschlägt, ein Mantra aus einem so genannten *Funneltest* abzuleiten.[4]

Es geht darum, dass man aus der Schnittmenge von drei Themenbereichen das besagte Mantra entwickelt. Dabei handelt es sich um einen Satz, der als eine Art Mikro-Elevator-Pitch verstanden werden kann (wir kommen in Kapitel 9 noch mal darauf zurück). Als Beispiel können Sie sich vorstellen, dass Sie etwa die Cluster „Entrepreneurship", „Entscheidungsfindung" und „Informationsbeschaffung" in folgendes Mantra zusammenfassen können:

> *„Ich helfe Startups und Unternehmen dabei, durch relevante Informationen und klare Prozesse bessere Entscheidungen zu treffen."*

Dies ist z.B. mein Mantra. Es hilft dabei, Menschen zu erklären, was mich umtreibt und mir, mich zu fokussieren. Lassen Sie sich Zeit dabei! Sie hetzen vermutlich schon viel zu viel durch die Gegend. Dieses Thema zu finden wird ein elementarer Meilenstein Ihrer zwanziger Jahre sein, da es sie maßgeblich beeinflussen dürfte.

---

[4] Siehe auch Porter Gale: „Du bist, wen du kennst: Warum gezieltes Networking lukrativ für Sie ist."

Möglicherweise gelingt es Ihnen nicht sofort, ein Thema daraus abzuleiten – keine Panik. Sie haben jetzt schließlich eine ganze Weile mit dem Ausschnippeln der Artikel zugebracht und sehen womöglich den Wald vor lauter Bäumen nicht. Wenn es auch nichts bringt, das eine Weile liegen zu lassen, bitten Sie einen guten Freund/Freundin darum, mit Ihnen gemeinsam nach einem ‚Muster' zu suchen. Sie werden sehen – gemeinsam finden Sie eines!

Einer meiner Studenten möchte Logistiker werden und hat sich recht lange ziemlich schwer damit getan, ein entsprechendes Thema zu finden. Dank des beschriebenen Verfahrens ist es ihm nun gelungen, zu erkennen, dass ihn neben der Logistik (was ein zu breites Feld ist, um nur daraus ein Thema abzuleiten) auch die Bereiche „social Entrepreneurship" und „Dritte Welt Länder" interessierten. So kamen wir gemeinsam darauf, dass er doch einmal bei einer Hilfsorganisation nachhaken soll, ob die ihm nicht logistische Herausforderungen nennen könnten, die es zu lösen gilt. Es gibt sie.

Leider so viele, dass er wieder das alte Problem bekam – für welches soll ich mich entscheiden? Nicht zuletzt deswegen sprechen wir im nächsten Kapitel einmal über das Thema Entscheidungen.

Abschließend sei gesagt, dass Ihnen ein persönliches Thema wesentlich nützlicher sein kann, als ein *perfekter* Lebenslauf. Sie können sich damit über einen langen Zeitraum beschäftigen, eine Menge Nutzen stiften, sich vernetzen und etwas bewegen. Wenn Sie auf irgendetwas Energie verwenden möchten, dann bitte auf die Suche nach einem persönlichen Thema. Menschen, mit denen Sie reden, werden sich dann nicht an die Petra oder den Peter von der Hochschule „XY" erinnern, sondern an jemanden, der etwas zu sagen hatte, das interessant war und seine Augen leuchten ließ.

7. Wie treffe ich Entscheidungen?

Was soll ich heute anziehen? In welche Richtung starte ich meine Weltreise? An welcher Uni mache ich einen Master? Fragen, die sich viele Gen-Yler (und andere Menschen) häufig stellen. Wir hatten bereits darüber gesprochen, dass u.a. die Gebrüder Globalisierung und Digitalisierung dafür sorgen, dass es uns in der heutigen Zeit wesentlich schwerer fällt, Entscheidungen zu treffen, als noch vor einigen Jahren.

Das Problem ist, dass die zur Auswahl stehenden Optionen sprunghaft ansteigen (Globalisierung) und wir das auch noch erfahren (Digitalisierung). Als Kind der Wende erinnere ich mich noch gut an die DDR-Zeiten, als das Entscheiden im Konsum (so 'ne Art Super-Markt – nur eben nicht super) noch sehr einfach war. Ich konnte zwischen den Optionen „Kaufe ich diese Schokolade?" oder „kaufe ich keine Schokolade?" wählen – herrlich!

Das Schöne war zudem, egal ob man diese Entscheidung in Stralsund, Rostock oder Karl-Marx-Stadt treffen musste – die Optionen waren stets gleich. Ok, in Berlin gab es noch eine zweite Sorte ...

Einer der Gründe, warum viele Nomadenvölker im Urwald so unbeschwert leben, dürfte sein, dass sie nicht wissen, was sie alles verpassen. Sie müssen sich nicht zwischen Berufen wie ‚Online Marketing-SEM+AdWords-Consultant' oder ‚Head of Verbal Communications' entscheiden. Aber, *müssen* Sie das denn?

In diesem Kapitel soll es darum gehen, Ihnen Ansätze an die Hand zu geben, wie Sie mit den Unmengen an Optionen und dem Umstand, dass Sie die alle auch noch wahrnehmen (müssen), umgehen können. Beginnen wir jedoch zunächst mit der Frage, warum uns einige Entscheidungen schwerer fallen als andere.

Wenn Sie sich zwischen einem Praktikum bei einem Unternehmen, das zu Ihnen passt (etwa bezahlt und in Ihrer Nähe) und einem, das bei einer Ihnen völlig unbekannten Firma (die zudem ihren Sitz am A.... der Heide hat) stattfindet und auch noch unbezahlt ist, entscheiden müssen, wird Ihnen das vermutlich nicht schwer fallen. Was jedoch, wenn sich die Ihnen vorliegenden Zusagen stark ähneln? Genau, dann geht das Gezitter los.

Entscheidungen fallen uns dann schwer, wenn die zur Verfügung stehenden Optionen sehr nah bei einander sind – sprich vergleichbare Ausprägungen haben.

Schauen wir uns nun einmal an, welche *Arten* von Entscheidungen es gibt. Dabei geht es insbesondere um die *Kontrolle*, die wir haben, um das Ergebnis der Entscheidung zu beeinflussen und um die *Fallhöhe* (Bedeutung), welche die Konsequenz jener Entscheidung für uns hat. Grundsätzlich werden sie in vier Arten unterschieden:

1. **Routineaufgaben erledigen**: Hier geht es um Entscheidungen, die wir täglich viele Male treffen. Waschpulver im Supermarkt auswählen, eine Bahnverbindung aussuchen oder uns in der Kantine für ein Essen entscheiden. Die Bedeutung für unser weiteres Leben ist hier eher gering.
2. **Ergebnisse beeinflussen**: Entscheidungen dieser Art finden z.B. innerhalb von Gesprächen statt. Etwa, wenn wir ein Bewerbungsgespräch führen, mit unserem Partner streiten oder aber einen Kollegen überzeugen möchten. Hier steigt die Fallhöhe, da es schon einen Unterschied macht, ob wir (etwa weil wir uns für eine aktive Gesprächsführung entschieden haben) 48.000 € Jahresgehalt verhandeln konnten, obwohl die Stelle mit 40.000 € ausgeschrieben war.
3. **Wetten abschließen**: In diesem Bereich sind nicht mehr alle Optionen verfügbar, bzw. nur zu einem unsinnigen Preis/Aufwand. Wenn Sie etwa bei einer Wette 100 € gewinnen können, um alle

Optionen zur Verfügung zu haben, jedoch 1.000 € Wetteinsatz zahlen müssen, macht das keinen Sinn.
4. **Strategische Erfolge anstreben**: Dies ist das Feld, über das wir hier die ganze Zeit sprechen (werden). Die Fallhöhe ist hoch (es geht z.B. in Karrierefragen um Ihre berufliche Zukunft) und Sie sind auch von Dritten abhängig (etwa dem HRler, der Sie einstellt oder ablehnt). Außerdem agieren Sie in einem Nebel aus Ungewissheit (wie ticken denn meine neuen Kollegen?), die es möglichst stark zu reduzieren gilt.

Die vierte Art von Entscheidungen wird uns hier also beschäftigen. Daher möchte ich Ihnen auch noch ein Beispiel nennen, damit Sie genau einordnen können, worüber wir hier sprechen. Erinnern Sie sich noch daran, als Barack Obama 2011 entscheiden musste, ob er die Ergreifung von Osama bin Laden befiehlt? Das war eine klassische Entscheidung aus dem vierten Bereich. Ihm lagen nicht alle nötigen Informationen vor (Ungewissheit, ob sich bin Laden tatsächlich an dem vermuteten Ort aufhält) und die Entscheidung hatte eine erhebliche Fallhöhe für ihn (und andere).

Ich möchte Ihnen einen Ansatz vorstellen, wie Sie die Entscheidung „Bei welchem/r Unternehmen/Uni bewerbe ich mich?", gut treffen können. Dieser Ansatz basiert auf einem ähnlichen Konzept, das Obama (und viele andere Politiker) nutzen – Intelligence. Die Nachrichtendienste versorgen die Politiker mit Informationen (Lagebilder), damit sie die richtigen Entscheidungen treffen können.

Im Bereich der Entscheidungsfindung tummeln sich viele Leute, die das Thema beackert haben. Kahneman, Gigerenzer, Keeney, die Heath Brüder um nur einige zu nennen. Vereinfacht gesagt existieren zwei Lager. Jene, die empfehlen rational zu entscheiden und jene, die auf die Intuition schwören. Mein Vorschlag – machen Sie beides! Es kann nämlich durchaus gesagt werden, dass die Mathematik die richtige Entscheidung *berechnet* und die Psychologie die richtige Entscheidung *erklärt*, *zeigen* kann sie zumeist jedoch nur Intelligence.

Was nutzt es, wenn Sie die perfekte Nutzwertanalyse anstellen, Ihnen aber nicht alle erforderlichen Informationen (Unsicherheit) vorliegen? Und was bringt es, wenn Sie wissen, wie die meisten Menschen Entscheidungen treffen (Intuition) diese Entscheidungen aber nicht zwingend die richtigen sind? Die Kunst besteht darin, sich <u>beider</u> Systeme zu bedienen und wie das geht zeige ich Ihnen jetzt.

***

Benjamin Franklin gilt als einer der ersten, der sich mit der klassischen Entscheidungsmatrix (gewichtete Pro und Kontra-Liste) beschäftig hat. In einem Brief hat er seinem Sohn, der sich nicht entscheiden konnte, welche seiner Geliebten (nennen wir sie Elke und Olga) er heiraten soll, geraten, eine Liste zu machen. Er sollte alle Argumente eintragen, die für bzw. gegen beide Frauen sprechen und diese gewichten. Es könnte ja sein, dass Elke zwar mehr Kontra-Argumente verbucht als Pro-Gründe, letztere jedoch mehr Gewicht haben (z.B. ‚schiefe Zähne' vs. ‚hat Humor').

Das endete dann damit, dass Franklins Bengel am Ende seiner Rechnerei feststellen musste, dass zwar Elke gewonnen hatte, er sich (innerlich) jedoch schon längst entschieden hatte – nämlich für Olga. Das meine ich, wenn ich sage – Intelligence *zeigt* die richtige Entscheidung. Nun hätte er sich den Firlefanz mit der Matrix auch durchaus sparen könnte indem er eine Münze wirft, manchmal gibt es aber eben mehr als nur zwei Optionen ...

Was sollten Sie nun tun? In einem früheren Kapitel hatte ich Ihnen bereits den proofler empfohlen, ein Tool, das ich mitentwickelt habe. Wenn Sie mögen, probieren Sie das Ding doch mal aus. Es enthält quasi die Methode, die ich Ihnen jetzt vorstelle.[5]

Bevor ich Ihnen die konkreten Dinge nenne, sollten wir uns jedoch noch eines Begriffes annehmen – dem des *somatischen Markers*.

Nach Domasio sind somatische Marker Vorgänge im Hirn, die uns spüren lassen, wie es uns mit einer Entscheidung geht. Vereinfacht gesagt könnte man das als unser Bauchgefühl bezeichnen, aber manchmal spüren wir die somatischen Marker eben nicht nur im Bauch. Hier je zwei Beispiele:

- **Positive somatische Marker**: "Ich habe ein angenehmes Gefühl im Bauch.", "Ich habe ein wunderbares Freiheitsgefühl in der Brust."
- **Negative somatische Marker**: "Ich habe ein flaues Gefühl im Magen.", „Meine Knie fühlen sich weich an."

So, die letzte Sache, die wir noch klären müssen, ist folgende: Nahezu jede Entscheidung ist so gut wie die Information, die ihr zugrunde liegt. Den letzten Satz dürfen Sie ruhig zweimal lesen, er ist

---

[5] Sie dürfen das aber auch mit einem Blatt Papier oder einer Excel-Tabelle versuchen.

<u>wirklich</u> wichtig. Erinnern Sie sich noch an das Beispiel mit dem Masterstudium aus Kapitel 5, das Kühne & Nagel eher ‚negativ' bewerten würde?

Diese Information liegt dem gemeinen Studenten nur dann vor, wenn er relevante Personen danach fragt. Googelt er tagelang nach Masterstudiengängen für Logistik würde er in tausend kalten Wintern nicht auf die Option ‚Nix Studium, bewirb dich bei einem Unternehmen und mach' das später.' kommen, oder?

Ok, zum besseren Verständnis noch ein zweites Beispiel das erklärt, wie wichtig relevante Informationen für gute Entscheidungen sind. Auch wenn ich freilich hoffe, dass Ihnen das erspart bleibt – es könnte ja sein, dass Sie sich irgendwann mal einer Operation unterziehen müssen. Wenn es sich dabei nicht um eine Standardsache wie etwa eine Blinddarm-OP handelt, sollten Sie wohl bedenken, in welcher Klinik Sie das machen lassen.

Die meisten Leute machen das so: Befund; Hausarzt empfiehlt Klinik; Patient googelt ein wenig rum und befragt bestenfalls noch seine Kumpels aus dem Kegelklub; Entscheidung. Wenn Sie das so machen, setzen Sie sich dem (durchaus erheblichen) Risiko aus, dass Sie durch medizinische Fehler etwa eine Sepsis erleiden oder anderweitig zu Schaden kommen.

Was Viele nämlich nicht berücksichtigen ist, dass die Reputation einer Klinik oder womöglich das Aussehen derer Webseite (!) kein wirklicher Indikator für Qualität sind. Vielmehr sollten Sie recherchieren, wie häufig in dem jeweiligen Haus die OP durchgeführt wird und wie hoch die Verweildauer (Aufenthaltsdauer im Krankenhaus) ist. Je kürzer die Verweildauer, desto besser die Prozesse vor Ort und umso höher die Qualität.

Ich will Sie jetzt nicht damit langweilen, wo Sie jene Informationen bekommen, falls Sie das interessieren sollte wenden Sie sich etwa an das Aktionsbündnis Patientensicherheit. Wichtig ist lediglich, dass Sie erkennen – Sie können den ganzen Tag auf Google verbringen, unzählige Klinikwebseiten sichten und doch nicht eine einzige Information beschaffen, die Ihre Entscheidung verbessern würde.

***

Kommen wir nun zu der Frage, wie Sie denn gute Entscheidungen in Karrierefragen treffen. Als erstes sollten Sie sich dafür Zeit nehmen und Strukturen schaffen. Als Beispiele für Strukturen hatte ich Ihnen ja bereits einige Hilfsmittel (Pinnwand, proofler, Evernote, Excel) genannt. Machen Sie sich klar, was genau Sie entscheiden wollen (Entscheidungsbedarf definieren).

Als nächstes geht es darum, die infrage kommenden *Optionen* zu benennen. Hier tragen Sie dann z.B. jene Unternehmen ein, die als Ihr Unternehmen ‚X' in die engere Wahl kommen. Jetzt wäre spätestens ein guter Zeitpunkt, Dritten Ihren fiktiven Arbeitstag zu zeigen und sie zu fragen, wer (Berufsbezeichnung/Position) so in welchem Unternehmen arbeitet.

Daraus leiten Sie dann *Kriterien* ab, die Ihre Optionen beschreiben. Im Fall des Unternehmens ‚X' könnten Sie diese etwa aus dem fiktiven Arbeitstag ableiten, z.B. *Unternehmensgröße*, *Nähe zur Stadt ‚XY'*, *Branche* usw. Wenn es Ihnen um die Wahl der Uni für das Masterstudium ginge, könnten das Sachen sein wie: *‚hilft mir, meinen Traumjob zu bekommen'*, *Studiengebühren*, *Ruf der Uni* usw.

Wenn Sie die Kriterien klug wählen, hilft Ihnen das, etwa im Gespräch mit Leuten, die Ihnen da beratend zur Seite stehen, die richtigen Fragen zu stellen. So würde etwa das Kriterium *‚hilft mir, meinen Traumjob zu bekommen'* Sie in einem Gespräch ggf. zu der Option *‚mach' gar keinen Master, sondern bewirb dich direkt'* führen. Auf jeden Fall sollten Sie sich auch hier Zeit nehmen, da es durchaus eine Weile dauern kann, bis Sie alle relevanten Kriterien zusammen haben.

Unterschätzen Sie das bitte nicht! Die Kriterien haben maßgeblichen Einfluss darauf, welche Optionen für Sie in Betracht kommen. Falls Sie das nicht glauben, können Sie ja mal bei mobile.de nach einem Fahrzeug Ihrer Wahl suchen und wenn Sie eine Auswahl von ca. 6-10 Fahrzeugen in Ihrem Umkreis zusammen haben, den Haken bei „TÜV neu" setzen, dann wissen Sie was ich meine …

Nun geht es darum, die Optionen zu bewerten. Aber bevor Sie das tun, sollten Sie die Kriterien *gewichten*. Hier wollen wir jetzt keine allzu große Haarspalterei vollziehen, aber es dürfte klar sein, dass das Kriterium *Einstiegsgehalt* ggf. ein anderes Gewicht hat als die *Nähe zur nächsten S-Bahnstation*.

Es gibt diverse Möglichkeiten der Gewichtung, die hier alle aufzuführen würde den Rahmen dieses Büchleins sprengen. Als groben Ansatz wählen Sie den Dreisatz und geben jedem Kriterium das Gewicht, das Sie für richtig erachten (der proofler übernimmt das für Sie).

Schließlich sollten sie alle Optionen bewerten. Wie gut erfüllt die Option „A" das Kriterium „B"? Auf das Unternehmensbeispiel übertragen, lautet die Frage etwa: Wie gut erfüllt das Unternehmen „A" das Kriterium *Einstiegsgehalt*? Wenn Sie beim Unternehmen „A" 40.000 € verdienen und beim Unternehmen „B" 48.000 erfüllt das Unternehmen „B" dieses Kriterium besser. Logisch? Logisch.

Nachdem Sie das für alle Optionen gemacht haben, (Sie können das z.B. mit Sternchen machen – eines für „erfüllt das Kriterium schlecht" bis fünf für „erfüllt das Kriterium vollends") legen Sie Ihre Liste weg und gehen eine Runde laufen – oder machen das was Sie sonst so tun, um den Kopf frei zu bekommen. Genau darum geht es jetzt nämlich – Birne aus, Bauch an.

Sie drehen eine letzte Bewertungsrunde durch die Optionen. Schauen Sie sich noch mal alle Optionen nacheinander an (bei den Unternehmen können Sie sich etwa Kärtchen mit den jeweiligen Logos darauf anfertigen) und vergeben nun noch einmal in bewährter Sternchen-Manier das Bauchgefühl, das Sie für jede einzelne Option wahrnehmen. Es würde mich sehr wundern, wenn sich nicht schon ein Favorit herauskristallisiert hat.

Der letzte Schritt ist nun die Entscheidung selbst. Wie Sie sehen ist es gut, sich weder nur auf die reinen Fakten noch ausschließlich auf das Bauchgefühl zu verlassen. Sie brauchen beides, um eine wirklich gute Entscheidung zu treffen. Wenn Sie nur ein gutes Gefühl haben, die Fakten aber völlig dagegen sprechen, ist dies ebenso kein gutes Zeichen wie wenn das Gegenteil der Fall ist. Bevor Sie sich schließlich entscheiden, kann ich wärmstens empfehlen, noch eine Nacht darüber zu schlafen, dann sollten Sie wirklich sicher sein.

Am Ende dieses Kapitels möchte ich Ihnen noch kurz die meiner Meinung nach fünf wichtigsten Entscheidungsfehler nennen, die Sie begehen können:

1. **Eine verengte Sichtweise**: Sehr häufig treffen Menschen lediglich Entscheidungen zwischen zwei Optionen. Tatsächlich gibt es im Leben jedoch nur sehr wenige Situationen, auf die das zutrifft – etwa ob Sie eine Schwangerschaft abbrechen sollen oder nicht. In Sachen Unternehmenswahl sind Sie gut beraten, wenn Sie sich zwischen 3-4 Unternehmen entscheiden, die zuvor aus einer Auswahl von 6-10 Unternehmen in die engere Wahl gekommen sind.
2. **Fehlende oder fehlerhafte Information**: Ein weiterer „Brain-Bug", der sehr beliebt ist, nennt sich der so genannte „Confirmation Bias". Das liegt dann vor, wenn Sie etwa nur nach Informationen suchen, die Ihre (Wunsch-)Annahmen bestätigen. So würden Sie etwa bei einem Unternehmen, das Sie favorisieren, lediglich nach Dingen suchen, die Ihnen helfen, das Unternehmen

auch weiterhin zu mögen. Ein weiteres Beispiel für diese Kategorie ist der Fall mit den Patienten, die nicht nach der Verweildauer suchen, sondern nur darauf achten, was im Netz über die Klinik „XY" steht.

3. **Fehlende Tests:** Prüfen Sie Ihre Annahmen, bevor Sie sich entscheiden. Soll heißen, bevor Sie in einem Unternehmen ein sechsmonatiges Praktikum absolvieren, sollten Sie vorab bei 2-3 Unternehmen etwa im Rahmen eines JobShadowing hospitiert haben.

4. **Zu wenig Zeit nehmen:** Entscheidungen mit Fallhöhe sollten Sie nicht über's Knie brechen. Es geht nicht darum, die Dinge zu zerreden oder zu zerdenken. Der Prozess, den ich zuvor beschrieben habe, um das Unternehmen „X" zu finden, dauert z.B. gut und gerne mehrere Wochen.

5. **Vorbereitung auf Umgang mit Fehlentscheidungen:** Wir können auch durch eine noch so akribische Vorbereitung und durch ein noch so ausgeklügeltes Entscheidungssystem nicht verhindern, dass wir Fehlentscheidungen treffen. Wir können uns aber darauf vorbereiten, wie wir damit umgehen. Dies hilft etwa, wenn Sie trotz allem was wir hier besprochen haben, dennoch in Ihrem Unternehmen unglücklich werden. Sie können sich dann immer sagen, Sie ha-

ben es nicht dem Zufall überlassen, dass Sie dort sitzen, es hat einen Grund. Oftmals hilft Ihnen jene Sichtweise, um etwa nervige Phasen im Arbeitsalltag zu überstehen, die es, da dürfen Sie sich sicher sein, auch in der perfektesten Arbeitssituation geben wird.

8. Bewerbungsschreiben 2.0

Kommen wir nun zu dem Teil, der oftmals ganze Bewerbungsratgeber füllt – ich werde mich kurz fassen. Tatsächlich bin ich der Ansicht, dass Bewerbungsschreiben viel zu wichtig genommen werden. Wesentlich relevanter scheint mir etwa der Zeitpunkt zu sein, wann man das Ding losschickt.

Beschäftigen wir uns zunächst mit der Frage, was ein Bewerbungsschreiben überhaupt soll. Welchen Zweck erfüllt es? Meiner Meinung nach hat es nur ein Ziel – dafür zu sorgen, dass der Absender zu einem Bewerbungsgespräch eingeladen wird. Viele Leute gießen so viel Soße über ihr Anschreiben, dass man annehmen könnte, sie gingen davon aus, allein durch das Schreiben den Job zu bekommen.

Es geht darum, Interesse zu wecken und in Erinnerung zu bleiben, um uns etwas an Mademoiselle Chanel zu orientieren. Aus diesem Grund halte ich den Begriff *Motivationsschreiben* auch für geeigneter. Allerdings habe ich die Erfahrung gemacht, dass meine Interpretation dieses Begriffs eine andere ist, als jene, die da draußen so herumgeistert. Viele Leute sind doch tatsächlich der Meinung, dass das Motivationsschreiben Motivationsschreiben heißt, weil es zum Ausdruck bringen soll, wie motiviert doch der Absender ist, die vakante Stelle anzutreten. Das scheint mir zu kurz gedacht.

Stellen Sie sich vor, Sie wären der Unternehmer bzw. der Entscheider, der die Hoheit über das Einstellungsverfahren hat. Ist es Ihnen wirklich wichtig, in jeder zweiten Zeile zu lesen, wie überaus motiviert Kalle Bewerber ist? Wollen *Sie* nicht vielmehr motiviert werden, Kalle kennen zu lernen? Das ist meines Erachtens der wahre Grund, warum das Motivationsschreiben Motivationsschreiben heißt, der Entscheider soll motiviert werden, den Bewerber kennen lernen zu wollen.

Wenn Sie mit dieser Einstellung ein Motivationsschreiben formulieren, wird es sich vermutlich schon grundlegend von vielen anderen unterscheiden. Der wesentliche Grund dafür wird nämlich der sein, dass Sie sich vielmehr Gedanken darüber machen, warum man Sie kennen sollte als darzulegen, warum Sie unbedingt diese Stelle haben wollen – Sie ändern die Sichtweise von Ihrer hin zu der Ihres neuen Arbeitgebers.

Dies können Sie entweder dadurch erreichen, indem Sie das Schreiben nach dem Verfassen einfach mal aus der Sicht desjenigen lesen, der es auch bekommt und nicht aus der desjenigen, der es geschrieben hat. Oder aber dadurch, indem Sie sich vornehmen, jeden Satz so zu formulieren, dass daraus ein Nutzen für das Unternehmen abzuleiten ist, nicht etwa zwingend einer für Sie! Es ist doch logisch, dass das für Sie auch Sinn macht – würden Sie sich sonst dort bewerben? Genau, wohl kaum. Also belassen Sie es dabei kurz zu erwähnen, dass Sie sich freuen würden wenn …

Also, mein Vorschlag ist, sich sehr, sehr viel Mühe dabei zu geben, die Frage zu beantworten, *wie* Sie dem Unternehmen dadurch nutzen können, indem Sie dort anfangen oder ein Praktikum absolvieren. Was ändert sich für das Unternehmen, wenn Sie kommen? Was wird besser? Dies sind Fragen, über die es sich wirklich lohnt, einmal nachzudenken.

***

Werden wir etwas konkreter. Ich empfehle, das Schreiben wie folgt zu strukturieren:

1. **Abschnitt: Was wollen Sie?** Viele Bewerber mäandern ewig herum, wie toll sie doch sind und wie toll auch das Unternehmen ist, bevor sie endlich, kurz vor Ende des Anschreibens, mal mit der Bemerkung um die Ecke kommen, dass sie gern ein 6-monatiges Praktikum ab dem 09. Herbst absolvieren möchten. Das gehört an den Anfang! Viele Personaler sind bereits endgenervt von einem

Bewerber, wenn sie erstmal das ganze Anschreiben lesen müssen, um in Erfahrung zu bringen, was der Mensch überhaupt will. Es soll ja Unternehmen geben, die bisweilen zwei Stellen parallel ausschreiben ...

Sie beginnen Ihr Schreiben also mit den „Metadaten" – aus welcher Position heraus bewerben Sie sich, zu wann, wofür? So kann der Personaler das Anschriben viel schneller zuordnen und ist direkt im Bilde.

2. **Abschnitt: Warum wollen Sie das?** Jetzt sollten Sie Ihre Geschichte erzählen. Wie kommt es, dass ausgerechnet Sie, ausgerechnet jetzt, ausgerechnet diese Stelle antreten wollen? Es geht darum, dass Sie authentisch darlegen, warum dies jeweils der Fall ist. Wenn Sie etwa die Geschichte erzählen, wie Sie sich auf die Suche nach dem Unternehmen „X" (das ja jetzt mindestens einen Namen hat) gemacht und dies aufgrund eines fiktiven Arbeitstages gefunden haben bzw. von der Frau Schröder aus der Controllingabteilung (z.B. im Rahmen eines JobShadowings) darin bestätigt wurden, dass man dort tatsächlich einen derartigen Tag erleben kann -

dann wird das ein Anschreiben, das sich deutlich (!) von all dem oberflächlichen Gelaber abgrenzen wird, das den armen HRlern sonst so auf den Tisch flattert.

Machen Sie sich zudem die Mühe, relevante Informationen über das Unternehmen einzuholen. Wächst, stagniert oder schrumpft es? Macht es Gewinne oder Verluste? Verfolgt es social responsibility Strategien, mit denen Sie sich identifizieren können? Kennzahlen können Sie etwa aus Geschäftsberichten oder aus Firmenprofilen bekommen. Letztere sind etwa bei Genios oder direkt im Bundesanzeiger recherchierbar. Sie kosten zwar etwas Geld, aber das macht sich spätestens dann bezahlt, wenn man Ihnen im Bewerbungsgespräch erläutern möchte, dass Ihren Gehaltsforderungen aus wirtschaftlichen Gründen nicht zu folgen ist. Legen Sie dann einen aktuellen *Bürgel*[6] auf den Tisch und die Herrschaften wissen sofort – mit Ihnen nicht. Sichten Sie auch Pressemeldungen oder sonstige Artikel,

---

[6] Bürgel ist einer von mehreren Anbietern, die Firmenprofile entsprechend aufbereiten.

die über das Unternehmen veröffentlicht wurden.

Sie dürfen an dieser Stelle auch kurz auf Ihr Thema verweisen, das Sie (im Anhang der Bewerbung) in Ihrem Whitepaper näher ausführen. Machen Sie es dem Unternehmen schlichtweg unmöglich, Sie nicht einladen zu wollen. Die müssen denken: „Das gibt's doch gar nicht! Die kennt uns ja besser als einige unserer Mitarbeiter, weiß ganz genau, worin unsere aktuellen Herausforderungen bestehen und hat sich mit dem Thema auch noch in einer kleinen Abhandlung auseinandergesetzt!".

DAS ist dann genau der Nutzen, von dem ich gesprochen habe. Schreiben Sie nicht, dass Sie das Thema/Unternehmen interessiert, weisen Sie es etwa dadurch nach, indem Sie jene Recherchen anstrengen und (ohne, dass Sie es müssten) eine kleine Abhandlung dem Anschreiben beifügen. Ihr Partner schätzt es doch auch eher, wenn Sie ihm *zeigen*, was er Ihnen bedeutet, anstatt es nur zu sagen bzw. zu schreiben, oder? Sehn' Se.

3. **Wer sind Sie?** Der letzte Abschnitt „darf" nun von Ihnen handeln. Beginnen Sie ihn gern mit einer Frage. Sie haben bis jetzt die ganze Zeit gesendet, warum den Leser nicht etwas entlasten? Ferner, nichts lesen die Leute lieber, als ihren Namen. So eine Frage könnte etwa wie folgt klingen: „Liebe Frau Hansen, wen bekämen Sie nun für Ihr Geld? Sie würden eine junge Frau einstellen, die ..." Und dann legen Sie los. Führen Sie aus, welche Stärken Sie mitbringen, wie Sie darauf kommen (darauf gehen wir gleich näher ein) und wie Sie es anstellen wollen, die Herausforderungen des Unternehmens gemeinsam mit den potentiell neuen Kollegen zu meistern.

Erzählen Sie eine (bitte nur <u>eine</u> – weniger ist mehr!) persönliche Sache von sich, vermeiden Sie aber allgemeines Gedöns wie *Wendy lesen*, *Laufen gehen* oder *Kochen*! Sie müssen nicht zwingend wie Rüdiger Nehberg vom Norden in den Süden der Republik gelatscht sein, ohne etwas zu essen, um es hier erwähnen zu können. Auch auf dem Mond müssen Sie nicht gewesen sein. Es sollte aber etwas Besonderes sein. Etwas, das nicht jeder Hans und Franz macht. Etwas, worüber man mit Ihnen im Bewerbungsgespräch als Warming up reden kann. Vielleicht schreiben Sie ja einen Blog? Vielleicht laufen Sie einen Marathon mit einem Rucksack, um darauf auf eine Wohltätigkeitsorganisation aufmerksam zu machen? Vielleicht backen Sie aber auch einfach nur die besten Mandelhörnchen ever, Ihnen fällt schon was ein.

***

Gerade schrieb ich, dass es sinnvoll sein kann, im letzten Abschnitt der Bewerbung auszuführen, warum Sie Ihrer Meinung nach entsprechend geeignet sind für die Stelle. Hier geht es etwa darum, auf Ihre Stärken und Fähigkeiten hinzuweisen. Meine Studierenden fragen mich dann oft, wie sie das denn nachweisen sollen. Schließlich hätten sie ja noch kein Praktikum absolviert, um etwa Praxiserfahrungen vorweisen zu können. Das klassische Henne Ei Problem.

Tatsächlich ist es ja nicht ganz einfach, eine Vertriebsaffinität nachzuweisen, wenn man z.B. ein Praktikum im Sales-Bereich absolvieren möchte. Schließlich gibt's dafür kaum Seminare in den gängigen Curricula. Umso mehr habe ich mich darüber gefreut, dass mich unlängst eine Kollegin auf ein Verfahren aufmerksam gemacht hat, das u.a. genau jenes Problem lösen kann (danke Claudia!). Dabei handelt es sich um das so genannte profilingvalues-Verfahren. Mit diesem Verfahren stellt profilingvalues die Neigungen, Fähigkeiten, Kompetenzen, Interessen und Potenziale von Bewerbern dar. Es misst dabei die ‚inneren Werte' und die gegenwärtige Situation eines Menschen. Das *Können* wird ferner dem *Wollen* gegenübergestellt. [7]

Das Tolle daran ist, dass Sie im Anschluss nicht nur ein sehr aussagekräftiges Gutachten bekommen, sondern damit auch eine Übersicht erhalten, für welche Tätigkeiten Sie besonders geeignet sind. Da das Verfahren wissenschaftlich abgesichert ist, können Sie guten Gewissens jene Übersicht Ihrer Bewerbung beifügen, um etwa die gewünschten Vertriebsskills nachzuweisen.

Einige meiner Studierenden haben das Verfahren bereits durchlaufen, im Anschluss mit mir diskutiert und sind jenem Vorschlag (Übersicht der Bewerbung beifügen) gefolgt. Das Ergebnis war, dass sie jeweils eingeladen wurden und die Unternehmen das sehr positiv aufgegriffen haben.

---

[7] Siehe auch www.profilingvalues.com

Kommen wir zum Schluss noch zu der Frage, was noch zu einer guten Bewerbung gehört. Zum Thema Foto haben wir ja in Kapitel 5 schon einiges gesagt. Ich würde Ihnen gern grundsätzlich dazu raten, folgende Aspekte in Ihrer Bewerbung zu berücksichtigen:

- **Gleiche Schriftart:** Es wirkt sehr unprofessionell, wenn ein Leser in Ihrem Bewerbungsdokument mehrere Schriftarten vorfindet. Bitte verwenden Sie ausschließlich eine! Dies gilt nicht nur für das Anschreiben, sondern auch für den Lebenslauf.
- **Korrekte Rechtschreibung:** Ein sehr, sehr wichtiger Punkt! Sie glauben nicht, welch fürchterliche Fehler ich in Anschreiben von vermeintlich gebildeten jungen Leuten vorfinde. Mein dringender Rat - Lassen Sie das jemanden Korrektur lesen! Dieser Punkt ist wirklich nicht verhandelbar. Gehen Sie davon aus, dass Ihre Bewerbung nicht berücksichtigt wird, wenn sie viele Fehler enthält. Unbedingt richtig schreiben müssen Sie die Namen derer, an die sich Ihr Anschreiben richtet! Gehen Sie auf Nummer sicher und arbeiten Sie mit Copy & Paste. Lässt man Ihnen ein fehlendes Komma noch mal durchgehen ist bei einem

falsch geschriebenen Namen definitiv Schluss mit lustig.
- **Weniger ist mehr:** Auch wenn Sie in jungen Jahren vermutlich noch nicht allzu viele Zeugnisse besitzen werden, sollten Sie dennoch darauf achten, Ihre Bewerbung nicht zu überfrachten. Versuchen Sie mit 6-10 Seiten auszukommen. Anschreiben, CV, das aktuelle Zeugnis, ein relevantes Zertifikat bzw. Referenzschreiben und ggf. das Whitepaper – that's it! Und bitte – senden Sie das Dokument (wenn Sie es digital versenden) nur als <u>ein</u> PDF! Nichts ist nerviger, als wenn man sich mehrere Anhänge einer E-Mail zusammenpuzzeln muss.

Geben Sie sich bitte Mühe mit Ihrem Bewerbungsdokument. Sorgen Sie dafür, dass es einfach auch schön aussieht, das Auge isst mit. Grafik-Design-Studenten helfen Ihnen dabei schon für kleines Geld. Es geht nicht um Perfektion, aber man darf Ihrer Bewerbung ruhig ansehen, dass Sie sie nicht zwischen dem Yoga-Kurs und einer Folge Homeland zusammengeklatscht haben.

Zudem, würden Sie sich nicht fragen, woran es gelegen hat, wenn Sie nicht eingeladen werden? Überlassen Sie es nicht dem Zufall, ob Ihre Bewerbung die Wirkung erzeugt, von der Sie möchten, dass sie es tut. Es kann viele Gründe haben, warum man Sie nicht will. Vieles davon haben Sie gar nicht in der Hand. Wohl aber können Sie dafür sorgen, dass eine professionell gestaltete Bewerbung nicht der Grund dafür ist. Gutes Gelingen!

9. Personal Branding

Bevor ich Sie gleich noch mit ein paar warmen Worten zum Handeln animieren möchte, haben wir noch eine Sache zu besprechen. Viele von Ihnen haben im Marketing-Seminar gelernt, Dinge zu vermarkten wie Butter, Waschmittel, Autos. Nur, wie steht's mit Ihnen selbst? Können Sie sich auch vermarkten? Geht so, oder? Das sollten wir ändern. Zum Einstieg möchte ich Ihnen ein treffendes Zitat der amerikanischen Komikerin Lily Tomlin nicht vorenthalten:

> *"I always knew I wanted to be somebody, but perhaps I should have been more specific."*

Sie sollten sich nicht damit zufrieden geben, irgendein Leben zu leben. Der Grund, warum sich Jürgen Klopp vermutlich nie Sorgen darum machen muss, einen lukrativen Trainerposten zu bekommen, ist der, dass er wesentlich mehr ist, als nur ein guter Trainer. Er ist eine Marke, ein Typ. Gleiches gilt für Sarah Kuttner, Arno Dübel und Jan Böhmermann. Menschen, die unterschiedlicher kaum sein können, die Sie aber auch nie mit jemand anderem verwechseln werden.

Wer wollen *Sie* sein? An wen soll man sich erinnern, nachdem man mit Ihnen gesprochen hat? An Kalle Bewerber von der Hochschule „XY"? An die mit dem Einser-Schnitt? Wenn das der Fall ist, wird man Sie auch genauso schnell wieder vergessen. Ein Abschluss an einer tollen Uni oder ein super Notenschnitt helfen Ihnen jedenfalls nicht dabei, ein eigenes Profil zu bekommen, da braucht es mehr.

Wenden wir uns zunächst der Frage zu, warum das denn überhaupt wichtig sein könnte, nicht so beliebig wie Otto-Normalo unterwegs zu sein. In der heutigen Zeit, in der aufgrund der kostengünstigen Möglichkeit, sich digital auf unzählige Stellen zu bewerben, bekommen die Unternehmen auch wesentlich mehr Bewerbungen als noch vor ein paar Jahren. Das bisherige Vorgehen hilft Ihnen zwar, ein cooles Praktikum oder einen spannenden Job zu bekommen – doch was dann? Wie geht's weiter?

Ihr persönliches Thema und die damit verbundenen Bemühungen, in Ihrem Unternehmen „X" deren Herausforderungen Herr zu werden sind nur der Anfang. Ihr persönliches Profil gestalten Sie dadurch, *wie* Sie jene Herausforderungen lösen. Richtig cool wird eine Barbour Jacke erst durch die Patina, die sie im Laufe der Jahre durch das Tragen bekommt. Vermutlich geschieht das jedoch nicht bei schönem Wetter daheim , sondern draußen bei Sturm und Regen.

Was ich damit sagen möchte ist – verlassen Sie die Bequemlichkeitszone. Gehen Sie raus! Dahin, wo es (noch) unbequem scheint, wo Herausforderungen warten. Menschen, die zur Marke werden polarisieren und stechen aus der Masse heraus. Darum geht es. Wem wird man wohl die spannenderen Herausforderungen zutrauen und übertragen?

Ralph Keeney hat sich sehr lange mit dem Feld der wertebasierten Entscheidungsfindung beschäftigt. Nun, das haben einige versucht. Er jedoch hat es geschafft, einen bekannten Professor davon zu überzeugen, gemeinsam mit ihm ein Buch zu jenem Thema zu schreiben. Dies ging nicht von heute auf morgen, sondern nahm mehrere Jahre in Anspruch. Dann allerdings hatte er sich durch diverse Vorträge und Veröffentlichungen als DER Experte auf jenem Gebiet positioniert. Als im Anschluss an die schrecklichen Ereignisse rund um den 11. September 2001 u.a. die Rettung von Personen aus Hochhäusern im Rahmen derartiger Gefahrenlagen grundlegend überarbeitet werden sollten, wurde jemand gesucht, der einen mehrtägigen Workshop zwischen Einsatzkräften, Psychologen und vielen anderen Experten moderieren sollte. Raten Sie mal, wem jene Ehre zuteil wurde ...

Zwei weitere Beispiele für ein jeweils wunderbar gelungenes personal branding sind die Physiker Richard Feynman und Harald Lesch. Sie sind jeweils nicht nur exzellente Wissenschaftler, sondern sie vermögen es nahezu unverwechselbar, jene komplexen Phänomene zu vermitteln, dass sich ob dieser unterhaltsamen Vortragsweise sogar Menschen für ein Physikstudium entschieden haben, die zuvor keinerlei Interesse an dieser Thematik hatten.

***

Wie können Sie es nun schaffen, ein entsprechendes personal branding aufzubauen? Nur, dass Sie mich nicht missverstehen – es geht nicht darum, dass Sie einen solch beißenden Humor wie die Kuttner entwickeln oder erstmal einen Nobelpreis abstauben müssen, um das zu erreichen, wovon ich hier schreibe. Jene Beispiele sollen lediglich der Veranschaulichung dienen. Arbeitslose gibt es tausende, einen Arno Dübel jedoch nur ein einziges Mal.

Das Wichtigste dürfte *Authentizität* sein. Charisma ist schwer zu erlernen, Authentizität indes kann man sofort bekommen. Stellen Sie sich dazu folgendes Bild vor: Ballen Sie Ihre Hände zu Fäusten und stellen Sie sie übereinander. Dieses Bild nennen wir *heil*. Dies beschreibt den Zustand, wenn Worte und Taten eins sind. Wenn Sie Ihren Worten keine Taten folgen lassen, verschiebt sich das Bild, die Fäuste driften auseinander – das Bild beschreibt dann das Wort *verrückt.*

Dies ist also Schritt eins, sagen Sie nur Dinge, die Sie auch umsetzen können. Seien Sie verlässlich. Eine zweite Eigenschaft, die meines Erachtens nach sehr förderlich ist, eine persönliche Marke zu entwickeln, ist alles zu hinterfragen. Nehmen Sie nichts hin, wenn es Ihrer Meinung nach nicht gut ist. Das Rad brauchen Sie nicht neu zu erfinden, das Ding ist im wahrsten Sinne des Wortes rund. Wohl aber vieles andere. Hinterfragen Sie Prozesse, Formulare, Botschaften und Produkte.

Nichts wird besser, indem man es so belässt wie es ist. Ecken Sie an, stellen Sie kritische Fragen. Wenn Ihnen die Leute ausweichen oder gar im schlimmsten Fall antworten: „Das machen wir hier schon immer so." – dann wissen Sie, dass Sie auf dem richtigen Weg sind. Packen Sie die Dinge genau dort an und wenn man Sie nicht lässt, könnte es sein, dass Sie nicht im richtigen Unternehmen arbeiten.

***

Wie sollten Sie da jetzt konkret vorgehen? Inzwischen haben Sie ja bereits eine Menge erledigt. Sie wissen, welches Unternehmen zu Ihnen passt, haben begonnen, sich zu vernetzen und sind auf dem besten Wege, ein Thema zu finden, das Sie eine Weile beschäftigen kann. Jetzt ist es an der Zeit, das einmal aufzubereiten.

Am besten geht das in einem Positionierungsworkshop. Bitten Sie einen Studierenden der Kommunikationswissenschaften und einen Freund, der Sie gut kennt, darum, das mit Ihnen durchzuführen. Sie treffen sich zu dritt an einem Ort, an dem Sie in entspannter Atmosphäre in Ruhe 2-3 Stunden arbeiten können.

Schritt 1 – Wer soll Sie wie wahrnehmen?

- Erarbeiten Sie gemeinsam die *Zielgruppe*, die Sie als Marke wahrnehmen soll. Das sind Ihre Potikolls, Personen Ihres Netzwerks, Kommilitonen.
- Definieren Sie vier *Kernwerte/-stärken*, mit denen Sie in Verbindung gebracht werden möchten. Hier kann Ihnen das profilingvalues-Verfahren helfen.

Schritt 2 – Übersetzen Sie Ihr Profil in Kernaussagen.

- Verfassen Sie *Kernbotschaften*, die Sie treffend und auf den Punkt beschreiben. Dazu können Sie u.a. das in Kapitel 6 beschriebene Mantra oder das *core story canvas* der *three headed monkeys* [8] verwenden.
- Übersetzen Sie Ihr Profil in Farben, die zu Ihnen passen, in einen authentischen Duktus und überlegen Sie, basierend darauf ein Logo für sich entwickeln zu lassen. Auf *fiverr.com* bieten junge Grafikdesigner hier schon für wenig Geld individuelle Lösungen an.

Schritt 3 – Tragen Sie Ihre Botschaften hinaus!

- Jetzt geht es darum, Ihre *Botschaften* aufzubereiten und zu kommunizieren. Legen Sie z.B. eine persönliche Webseite auf *about.me* und einen digitalen CV auf *vizualize.me* an. Beide Profile können Sie etwa in der Signatur Ihrer E-Mails verlinken, sodass interessierte Dritte sich ungezwungen ein Bild von Ihnen machen können.
- Üben Sie Ihren persönlichen Elevator-Pitch so lange, bis Sie in 1-2 Minuten in der Lage sind, jemandem zu beschreiben, wer Sie sind, was Sie umtreibt und wer Sie werden

---

[8] Googeln Sie das mal, dann sehen Sie schon …

wollen. Ziel muss sein, dass Ihnen jene Dritte im Anschluss daran weitere Fragen stellen, weil sie Sie so interessant finden.

Ein kleiner Tipp zum Schluss, das Web vergisst nie! Gehen Sie sorgsam mit Ihrem digitalen Alter Ego innerhalb der diversen sozialen Netzwerke um. Posten Sie nichts, was Ihnen später peinlich sein könnte. Ein Schluck aus der Bierflasche ist auf einer Party vielleicht völlig normal, könnte aber Ihr Bild in eine Richtung verzerren, die Ihnen nicht recht ist. Auch hier gilt daher - weniger ist mehr.

Last but not least, eine Marke zu entwickeln braucht Zeit und somit Geduld. Verlassen Sie immer wieder die Bequemlichkeitszone, nehmen Sie sich nicht zu ernst und stellen Sie sich gern kritischem Feedback von Menschen, die Sie fördern wollen. Good luck!

10. Auf geht's!

Und jetzt sind Sie dran. Legen Sie los! Strukturieren Sie die Aufgaben dieses Büchleins in kleine Häppchen und erstellen eine *work-breakdown-structure* – einen Projektplan. Nutzen Sie dafür Tools wie etwa *Basecamp* oder Ihre Pinnwand, nur fangen Sie an. Heute!

Vergessen Sie nicht, Sie backen hier keinen Kuchen und färben sich auch nicht Ihre Haare, sondern legen den Grundstein dafür, ein erfüllendes Arbeitsleben zu bekommen. Das braucht Zeit und somit Geduld.

Lassen Sie sich nicht entmutigen, wenn die Dinge nicht sofort funktionieren. Sie werden (!) Rückschläge hinnehmen müssen, das verspreche ich Ihnen. Das gehört dazu. Nicht jedes Unternehmen wird Ihnen ein JobShadowing ermöglichen, nicht jedes Anschreiben wird eine Einladung nach sich ziehen und nicht jedes Bewerbungsgespräch wird mit einem Jobangebot enden. Zum Glück.

Wieso zum Glück? Nun, ansonsten wäre das ja nichts Besonderes mehr, oder? Es wäre unsinnig, dieses Buch geschrieben bzw. gelesen zu haben. Diese Dinge sind komplex, aber nicht kompliziert. Lassen Sie zu, dass nicht alles sofort klappt und dass Sie die eine oder andere Frage im Kopf behalten, ergibt sich von ganz allein.

Wichtig ist nur eines – bleiben Sie dran!

Ein Wort möchte ich noch an die Personalverantwortlichen richten. Wenn Sie wollen, dass Sie passendere und qualitativ höherwertigere Bewerbungen bekommen, kann Ihnen nur empfohlen werden, Ihre Pforten zu öffnen. Bieten Sie den jungen Leuten an, Ihr Unternehmen niederschwellig kennen zu lernen. Je transparenter Sie sind, desto besser. Die wenigsten von Ihnen dürften hochgeheime Raketen entwickeln, die jene Abschottungsmechanismen rechtfertigen, die oftmals vorzufinden sind. Niemand, außer vielleicht die NSA, von den Studierenden ist daran interessiert, Ihre „Geheimnisse" zu erfahren, man möchte Sie schlicht und ergreifend gern kennen lernen. Aber eben vor Ort, nicht an einem Messestand, im Internet oder an dem einmal (!) im Jahr stattfindenden Tag der offenen Tür. Der Dank vieler Leute ist Ihnen sicher!

Schließlich möchte ich den Eltern unter Ihnen folgendes empfehlen: Setzen Sie Ihre Kinder bitte nicht unter Druck! Das machen sie selbst schon zur Genüge, bzw. sind durch die prallen Curricula stark ausgelastet. Erlauben Sie ihnen, sich Zeit zu nehmen und seien Sie in jener Zeit für sie da. Als Ratgeber, als Sparringspartner und als Coach. Berufliche Orientierung dauert nun einmal, das müssten Sie am besten wissen. Wenn Sie wollen, dass es Ihrem Sprössling gut geht, dann helfen Sie ihm dabei, sein „Unternehmen X" zu finden.

Der Autor

Sebastian Pioch arbeitet u.a. als Karriereberater an einer privaten Hochschule in Hamburg. Nahezu täglich erlebt er in seinen Beratungsgesprächen, dass junge Studierende, insbesondere aus den Bereichen *Wirtschaft*, *Medien* und *Psychologie*, große Schwierigkeiten haben, sich beruflich zu orientieren. Mit dem hier vorgestellten Ansatz und in Verbindung mit dem *profilingvalues-Verfahren* gelingt es ihm, jene Orientierungsdepressionen nachhaltig aufzulösen. Basierend auf den Erkenntnissen seiner Doktorarbeit zum Thema „Startup-Intelligence" hat er mit drei anderen Gründern den *proofler* entwickelt, ein Online-Tool zur wissensbasierten Entscheidungsfindung.